O HOMEM DA QUITINETE DE MARFIM

MARCELO MIRISOLA

O HOMEM DA QUITINETE DE MARFIM

EDITORA RECORD
RIO DE JANEIRO • SÃO PAULO
2007

CIP-Brasil. Catalogação-na-fonte
Sindicato Nacional dos Editores de Livros, RJ.

M59h
Mirisola, Marcelo
  O homem da quitinete de marfim / Marcelo Mirisola.
  – Rio de Janeiro: Record, 2007.

  ISBN 978-85-01-07257-3

  1. Crônica brasileira. I. Título.

07-0392
CDD – 869.98
CDU – 821.134.3(81)-8

Copyright © Marcelo Mirisola, 2007

Direitos exclusivos desta edição reservados pela
EDITORA RECORD LTDA.
Rua Argentina 171 – Rio de Janeiro, RJ – 20921-380 – Tel.: 2585-2000

Impresso no Brasil

ISBN 978-85-01-07257-3

PEDIDOS PELO REEMBOLSO POSTAL
Caixa Postal 23.052
Rio de Janeiro, RJ – 20922-970

EDITORA AFILIADA

para minha mãe

"Cintilo mais brilhantemente em momentos de
vingança.
Não a afasto, mas melhoro-a. Transformo-a em
inaudita generosidade e a minha reputação aumenta."

Baltasar Gracián

Sumário

Apresentação   11

Cartas de más intenções   13
Sobre batatinhas sabor churrasco e o Apocalipse para amanhã   17
Dia de São Cipriano   21
Para a economia da espécie   25
O escroto diz o nome   29
Sobre macacos e homens   33
Aula   39
Alguém aí sabe namorar?   43
Dostoiévski sem cérebro   47
SP Fashion Week   51
Nada em lugar nenhum   59
Crônica para a mulher amada   65
O herói devolvido   71
As pelancas da MTV   77

Faltou sangue   83

O Aleph de boteco chique   87

A vez dos ruminantes   93

Os heróis da Fátima   97

Notas da arrebentação I   101

Notas da arrebentação II   105

Notas da arrebentação III   111

Não dá para ser complacente   115

Meninos de kichute   123

Caro Pinduca   129

Marisa e Caetano   137

Crônica para Antônia   143

Dos nervos, uma obra-prima   151

Cubo mágico   155

A partir da sambiquira   159

Ódio nunca é demais   163

A cobrança de Ivana   167

O homem da quitinete de marfim   171

Só o Guga nos salva ou crônica olímpica   177

Tanizaki   181

Para um(a) grande escritor(a)   187

Mundinho Barrichello   193

Cemitério de automóveis   199

Sou filho de São Jorge   205

Um café com Tabajara Ruas   211

Nenhum espanto   215

Cachaceiro   221

Festival de Gramado   227

Apresentação

Quero agradecer a Kaike Nanne. Foi ele quem me convidou para escrever crônicas no falecido site da AOL. No começo, achei que não ia dar conta de escrever uma crônica por semana. Depois gostei da brincadeira, e levantei vôo. A disposição dos textos no livro segue (mais ou menos) essa cronologia. Obrigado, Kaike. Sobretudo porque descobri que podia ganhar a vida escrevendo. Ao longo de 2004 fui muito xingado, censurado, tive que dar o pinote e chutei o pau da barraca várias vezes. Sofri ameaças de morte, faturei um bom dinheiro e gastei — não podia ser diferente — mais do que ganhei. Também comi ostras gratinadas em Búzios, e consolidei pouquíssimas e preciosas amizades. Mas sobretudo conheci "meu gado". Tive um prazer quase sobrenatural em batizá-lo assim. Ah, que prazer em chamá-los de "meu gado". Estou falando dos leitores/internautas que desejaram minha morte. Foram muitos. Desejo o mesmo para eles. Que tenham mortes trágicas. Quero que eles se fodam. "Ódio nunca é demais." A mesma coisa não vale para o amor.

Além dos textos escritos na AOL, resolvi incluir uma matéria sobre o Festival de Cinema de Gramado que publiquei na revista *Trip*, em 2005. Infelizmente as crônicas de Paraty, do churrasco no Bactéria e do padre Marcelo ficaram de fora. Hoje — mais do que nunca — estou convicto de que fiz o certo em largar o Direito e me apegar a Deus; os padres, os banqueiros e o jurídico não perdoam. Se não fossem eles, este livro seria bem mais divertido. Apesar de tudo, estou muito satisfeito com o resultado. Divirtam-se.

Carta de más intenções

O nome da sapatinha da livraria é Ive. Vou convidá-la para morar comigo. O meu plano é simples. Chego lá, folheio algum livro e discorro sobre a biografia do autor e suas respectivas esquisitices. Vai ser moleza. O negócio é apelar para o sobrenatural e as coincidências zodiacais, tipo a data de nascimento do fulano e nossas penumbras em particular (tenho que dar um jeito de incluir Ive nestes sinais...). Em seguida, demonstro — cientificamente — as conseqüências imprevisíveis de uma recusa na vida e obra de um grande autor: "Aceita um cappuccino, Ive?" Usarei a palavra "desdobramento" na hora certa, com adoçante talvez. A gente pode marcar o sexo para a Paris do final do século XIX... Ou aqui mesmo e agora na Internet: "Que tal, Ive?"

Depois disso, me ocorrerão o café de Arles e o céu esburacado de Van Gogh, de modo que Ive ou a mocinha da galeria Lafayette — tanto faz — será responsabilizada pelo fim trágico e prematuro do grande gênio desprezado. Ive, creio, não cometerá a besteira de recusar meu convite.

Também posso dizer pra ela que daqui pra frente serei um cara famoso. Que a gente vai se mudar pro Leblon e que meus palpites e preconceitos vão entrar na moda. Ive será minha Yoko. E, antes dela se prevalecer do ridículo, deixarei muito bem clara minha cota de amor nesta geringonça: zero. "Uma singela troca de interesses, entende, amor?"

Eu entro com meu corpinho malhado, um pouco de cérebro e ponho fogo no mundo, e você, Ive, patina no calçadão pra mim, aparece nas fotos. Vai ser minha galega, igual à do Lula... só que um pouco menos brega e com sintaxe, concordância, tudo direitinho.

É isso. O clitóris de Ive, a sapatinha, vai ser o interlocutor semanal dos meus leitores. Um pretexto para detonar meus inimigos e incensar e proclamar as qualidades dos meus amigos. O futuro desta coluna, aliás, vai depender deles e dos meus advogados; os primeiros — conto com vocês, mandem e-mails — me abastecerão de bravatas relevantes e irrelevantes, bebidas e outras drogas leves e pesadas, e os últimos me ajudarão a forjar os álibis necessários para que eu possa desfrutar da boa fogueira sob a perspectiva deslizante de Ive, minha sapatinha. A paisagem fica por minha conta.

As outras aproximações e distanciamentos, sejam por interesse ou paixão — porque a imparcialidade, para mim, é canalhice —, entrego nas mãos do acaso e das balas perdidas, do Brasil em volta caindo aos pedaços e de Deus; quer dizer: assunto não vai me faltar e meu desejo é juntar os pedaços e chamar a atenção para o que realmente interessa, ou seja, minhas idéias geniais, esquizofrenias & rabugices. Quero seqüestrar as letras de dona Zíbia Gasparetto, trazê-las de volta para a realidade da minha Ive que (ainda...) não existe e deixar registrada minha cólera com estes espíritos de porco que sempre incorporaram no lugar errado. Aqui estou, portanto. Também tô a fim de inventar — junto com esta fúria para boi dormir — uma amante pra Ive. Ou uma antilésbica. Qualquer coisa que a impossibilite de ser apenas uma mulher por conta e obra das tatuagens, piercings e da sentença da novela das oito. Vou dividir o sorvete de pistache com elas. Taí, está decidido. Que Rubem Braga e Carlinhos Oliveira me abençoem. E que Nelson Rodrigues — a despeito das picaretagens de dona Zíbia G. — me sirva de encosto e inspiração.

Sobre batatinhas sabor churrasco e o Apocalipse para amanhã

Nada a ver com novos hábitos alimentares, ainda prefiro carne gorda para mastigar. Também não é merchandising, embora as batatinhas se prestem a freqüentar gôndolas e alguém possa vir a confundi-las com igrejas, templos sadomasoquistas e afins; uma coisa — quero deixar bem claro — nada tem a ver com as outras (em princípio, acho que não). O assunto é tecnologia de ponta, distanciamento.

O que sempre me incomodou no trato humano foi a companhia. Eu sofro deste mal. Tem gente que sofre de solidão. Eu sofro de companhia. As batatinhas sabor churrasco, junto com as pipocas amanteigadas do microondas, me deram, digamos, uma sobrevida. Há duas semanas entrei na era virtual e graças a estas novas bestas apocalípticas e mais o disk-pizza e a Internet, estou aqui.

Tenho que confessar. Essas bobagens me salvaram a vida. O que não chega a ser exatamente uma grande coisa. Mas neste aspecto — nunca pensei que chegasse a tanto... — a Internet e as batatinhas, além de bagunçar o coreto da minha ficção e misturar o impossível com a realidade, também me foram reveladoras. Vejam só, descobri que me identifico com os tubérculos a ponto de numa outra vida ter sido uma batata-roxa. Sem alma. Uma batata.

O virtual me serviu como um contraponto para os olhos nos olhos e, de certa forma, também livrou-me das pomadinhas afrodisíacas e dos preservativos de morango: uma questão de justiça comigo mesmo. Azar das mulheres que não me quiseram. Que se dane meu chiuhauha. A verdade é que, na condição de tubérculo — sobretudo quando navego na Internet —, esqueço que milhares de chimpanzés tiveram que se amar para que vocês pudessem estar aqui, me lendo. A masturbação só precisava de uns bytes e de uma tela plana para configurar-se como a maior forma de vingança do homem perante a natureza.

O dia que o Ed Motta descobrir... ele estraga a coisa — portanto não o avisem.

Bem, como eu ia dizendo, as batatinhas e a Internet são os atalhos mais dissimulados e eficientes criados pelo gênio humano rumo ao fim da picada, à extinção. Pela primeira vez, essa besta que paga IPTU e plano de saúde tem a chance de se autodestruir sem nenhuma dependência da realidade. O inferno a gente finge que deleta.

O amor mágico "eu te amo, você desaparece em seguida" é um paradoxo perfeito, quase palpável. A premissa não é o suicídio mas a solidão — curioso, senti uma fisgada no zíper. Por falar nisso, Timothy Leary, no final de sua vida psicodélica, proclamou o crédito nessa tecnologia mequetrefe. Esqueceu-se, porém, de que os cyberpunks e toda a legião de hackers e punheteiros tinham que dar conta de administrar as espinhas e a gagueira antes de subverter a realidade e expandir a tal de consciência rumo ao ciberespaço ou à xaropice que o valha. O masturbador vingou-se... vá lá. Mas isso não deu em nada (nem sei onde foi parar "a minha consciência") e, ao contrário do curto-circuito idealizado por Leary, o que houve e o que sobrou disso tudo, em meio à realidade miserável que nos avacalha diariamente, foram — entre outras avacalhações — as lan houses, pipocas amanteigadas e as batatinhas sabor churrasco. Que triste. Que bom.

Semana que vem eu prometo que falo de São Cipriano e da Fernanda Young. Talvez até a Rita Lee entre na dança.

Dia de São Cipriano

Está decidido. Hoje é dia de São Cipriano. E, se não for, fica registrado como o dia em que me faltou coisa melhor para escrever. O tema — é sabido... — estava no gatilho, e a Ive já havia me alertado no sentido de não "mexer com essas forças".

Sabe de uma coisa? Que se dane. Vou mandar bucha.

Antes é melhor rezar o pai-nosso.

Pronto, agora sim. Vamos lá.

Foi Cipriano quem escreveu a bíblia dos esotéricos, bruxinhas franqueadas e da maioria dos picaretas que deve IPTUs e que, invariavelmente, freqüenta um nível espiritual mais elevado do que o meu. Não deixa de ser curioso. A sentença desta gente espiritualizada é a evolução. E, com uma ou outra variante, quem lê Dostoiévski e come em churrascarias precisa ser descartado da face de Gaia ou "aprimorar-se enquanto ser humano". Um longo caminho evolutivo que começa — segundo estes iluminados — por uma reeducação alimentar... depois vem ioga, conexão fio-terra, feng shui... e suruba com a sua mulher.

Gaia, né? Tô sabendo.

Os mais sensitivos e evoluídos não pagam as contas dos telefones celulares, mas continuam recebendo mensagens e consumindo alfajores, todos — sem exceção — chegados num incenso fedorento, gente chata. Às vezes estão "batalhando" uma causa: "Oh, que nojo! Você come cadáver?!"

Ora! Se tivesse vivo como é que se ia fazer?

Tem até programa de televisão. Outra noite, tive a infelicidade de ver a Rita Lee (ou seria o Serguei?) condenar ao fogo do pior dos infernos os consumidores de chuletas. A velha roqueira proclamava a crença nas alfaces e mandioquinhas hidropônicas. Imaginem o bafo de aviário desta mulher...

Um detalhe: ela estava de cócoras, provavelmente chocando algum presságio. Teve uma época, na minha pré-adolescência, que eu gostava da Rita Lee. Um amigo meu e escritor, o Nilo Oliveira, esclareceu-me a situação: "Quando a gente tem 12 anos", disse, "até o Caetano Veloso é um gênio." Época braba.

Isso sem falar nos mapas astrais & origamis, nos malditos chacras, no I-Ching e na confusão que esses naturebas fazem com budismo, alfafa, hinduísmo ou qualquer coisa que dá barato e não tem pé nem cabeça. Um treco constrangedor que ainda junta a Fernanda Young com a Rita Lee no mesmo programa de televisão.

Eu, sinceramente, teria vergonha. Mas essa ratatuia nem disfarça; organizam-se em ONGs, feirinhas desencanadas e embalam o tal do tai chi chuan na frente das crianças. Sou a favor — nestes casos — do porte de arma, meu espírito é de porco com ascendente na casa do chapéu.

Mas eu falava em São Cipriano. A história é a seguinte. O sujeito passou a vida inteira fazendo lobby com o capeta. Um dia, porém, as ofertas do maligno não corresponderam às demandas de sua insensatez. O diabo não deu conta do recado. Aí Cipriano virou casaca e trocou de senhor. Simples, né? O que era macumba virou milagre. Troca de interesses. Quem tiver curiosidade e quiser dar umas risadas, basta dar uma olhada no *Grande livro de capa e aço*. Tem uma receita que Paracelso dá para criar homúnculos a partir de cocô de gato. Serve para apresentadoras de televisão.

Hoje Cipriano é santo da Igreja católica com todos os alvarás e certidões negativas. O tipo da coisa (o câmbio) que serve para tudo nessa vida, desde a loira lésbica que patina pra você no calçadão (somente pra você...) até o pobre coitado vítima de sua caridade. A paisagem é a mesma. A esmola é a mesma. A canalhice e a santidade andam de mãos dadas.

Somente a título de informação. Rita Lee e Fernanda Young atendem todas as quartas-feiras no terreiro do GNT, às 21h30. O nome do programa é *Saia Justa*. Quero estar bem longe da televisão no dia que a Maitena for entrevistada. Axé para vocês.

Para a economia da espécie

A vida humana ou a loira lésbica que patina no calçadão para você (para mim...?) não tem o valor que, geralmente, nós, os transeuntes, lhe atribuímos.

Isso fica muito claro nas filas do INSS. O problema, segundo meus cálculos e já contabilizados os cambistas & marreteiros, é a credulidade desta canalhada que espera na fila, compra eletrodomésticos no crediário e volta no outro dia. Eu me incluo. Quem ou o que vai se ocupar desta gente?

Creio que não há solução coletiva. Tenho, diga-se de passagem, minhas desconfianças com tudo o que é comunitário, coletivo e aparece no SP-TV. Basta observar. Vai ter sempre neguinho se prevalecendo de alguma causa — não importa se justa ou injusta —, cagando suas regrinhas e dando exemplos de vida para o regozijo do Chico Pinheiro & semelhantes. Em seguida (ou seria antes?) vai dar um chilique (tipo ônibus 174) e apelar para a tolerância das diferenças, cobrar resultados, cidadania e inclusões do gênero. Eta xaropice!

A minha opinião é a seguinte: tolerar o semelhante é insultar o próprio espelho. Isto não é apenas difícil — é intolerável porque não há diferenças. Não existe sofisma mais besta e desumano, aliás.

Senão, vejamos.

Deserto, camelos. Um grupo de transeuntes à procura de encrenca.

Sul do Iraque. Há cinco mil anos os sumérios foram o primeiro povo a organizar-se em sociedade. Também inventaram as sogras e o almoço de domingo. São os primeiros adúlteros de que se tem notícia. Pra quê?

Imagino que a fila é uma conseqüência desta época, e os bigodudos engataram-se nesta idéia à espera de um atendimento que até ontem de manhã não havia chegado. Inventaram a agricultura irrigada e o que hoje conhecemos como jogo de pife-pafe. Um tédio, a bem da verdade. Isso tudo pra dizer que não há o que esperar. A culpa — somente a culpa — é o único e verdadeiro atributo ou a única "ocupação" antes do fim. De certa forma, a culpa embala os sonhos ancestrais daqueles que pagam a mensalidade da faculdade em dia, votam em políticos canalhas e têm a esperança de que a vida vai mudar para melhor por conta destas bugigangas. Eu lamento informar, mas vai dar tudo errado e a responsabilidade, no final das contas, é dos sumérios que inventaram as filas, e a esfiha do Habib's e as taxas de lixo... a Marta Suplicy, o botox e o Supla.

Ah, Ive... que saudade. Eu, ao contrário, não tenho nada, nem sequer uma conscienciazinha pesada para oferecer em troca deste sacrifício eterno e desta bobagem que é viver e pedir pizzas pelo telefone antes da morte, nadinha. A não ser a própria morte. A única opção, a meu ver, ante as promessas vagas e as ilusões e as peças que esta vida e os sumérios nos pregaram, um dia depois do outro.

— Tô apaixonado por mim.

Ninguém se tranca no quartinho da empregada, lambe azulejos, consome-se em exercícios de esquizofrenia, iridescência e desdém... ou se mata ou entra numa fila do INSS por motivo diferente.

Ou será que temos outras alternativas? O perdão? Quem foi que inventou o perdão? Se alguém souber, por gentileza, me diga. Mas vou logo avisando que, em primeiro lugar, sou a favor do esquecimento (que é a forma mais atroz de se perdoar) e que, em seguida, não aceitarei cordas, sufocamentos ou afogamentos, nenhuma modalidade de tiro ao próprio alvo, tampouco haraquiris e/ou vôos sem asas, nada que não venha obrigatoriamente acompanhado de um profundo senso de justiça, amor e ternura pela economia da espécie. Isso aí! A mesma espécie que os sumérios maquinaram e que inventou a comida por quilo e que, desde já, sente-se poupada e agradecida e deseja uma boa viagem rumo ao nada, a coisa nenhuma.

O escroto diz o nome

Quero, antes de chegar ao lugar-comum, fazer duas considerações geográficas a respeito do escroto. Aqui no Rio — onde vim passar uns dias... — o escroto anda de peito aberto e torce ostensivamente pro Flamengo, diz o nome aos berros. Uiva, transpira e delimita territórios. Em São Paulo, ele, o escroto, não tem vida própria, embora seja igualmente escroto e corintiano, é acanhado, incorpora a diferença social apenas pelo ódio. A meu ver, um tipo mais xucro e tenebroso. Uns cometem raps e os outros funks. Ambos intimidam. Ambos mordem. Aqui no Rio o escroto fede, transpira e é indiferente ao ar-condicionado, está presente de igual para igual; em São Paulo só o notamos quando somos assaltados ou, às vezes, quando andamos de ônibus. O lugar-comum é servido na bandeja, tanto aqui como lá. A partir do escroto é fácil entender por que nós somos as vítimas; o raciocínio (igualmente escroto...) confere o título de bruxo do Cosme Velho a Machado de Assis e de escritor universal a Nelson Rodrigues. Assim, digamos, por metástase — já que Deus não existe —, vale tudo e fica mais fácil chutar o pau da barraca e dizer, por exemplo: "além de escrotos, são nossos carrascos". E é isso o que vou fazer. Sinceramente, não sei por que fugir do lugar-comum.

Sinceramente, não sei por que tem gente que ainda se espanta quando constata que o Brasil não deu certo. Isso aqui é uma bagunça e, ao contrário do que cogitou Darcy Ribeiro, a redenção não virá da mistura nem do caos, mas da má-fé, desde que — creio — seja admitida publicamente. Não que minha ética permita volteios; todavia meus instrumentos de auferição (o "em volta") — sobretudo aqui em Copacabana — estão de pernas para o ar. Não admitir um país destruído por sua própria natureza esculhambada é crer que a negra gorda que mandou (neste exato momento) o segurança das Lojas Americanas chafurdar nas profundezas da sílaba agridoce é uma pintura de Di Cavalcanti, ou, sei lá, é acreditar que, apesar dos pesares, o Lula vai mudar alguma coisa porque um dia foi pobre e torneiro mecânico. Daí que ser honesto é mais conveniente — para mim, neste exato momento — do que ser ético, e a má-fé (afinal de contas...) me serve como instrumento para conciliar ética e honestidade.

O escroto tem que dizer o nome, ir até as Lojas Americanas ou além dos limites do descrédito pleno e do deboche para chegar em algum lugar, nem que este lugar seja a verdade e mesmo que esta verdade não sirva para coisa alguma.

O que vale é provocar o choque e deslocar os lugares-comuns, ajambrá-los de outra maneira (à minha maneira, de preferência) a ponto de neutralizar a babaquice alheia. Que chiem, portanto, Cassandras e Marisas, mandem e-mails inteligentes e bem-humorados, escrevam croniquetas e plantem bananeiras e continuem chiando, citem outra vez os quinze minutos de Andy Warhol que, para cada minuto dele, eu tenho quinze séculos de escárnio e uma eternidade inteira para bocejar de tédio e indiferença. Citem Fernando Pessoa, Oscar Wilde, o Neguinho da Beija-flor e a mãe, não tô nem aí.

Aliás, sempre sonhei em ser autista. Creio que estou conseguindo (embora publicamente) e, às vezes, quando me aproximo deste estado privilegiado, me dá uma vontade de praticar assassinatos em série e jogar dados com a vida dos outros sem nenhuma obrigação e/ou consistência, apenas pelo prazer do atrevimento e da técnica que adquiri em meter tudo para dentro do mesmo saco de lixo. Eu vou junto. Faço questão.

Ai, ai. Um dia me perguntaram "pra que time você torce?" Torço pro futebol acabar...

Mas, como eu ia dizendo, ao me aproximar do autismo, comungo com os sentimentos mais torpes e sublimes — às vezes é divertido, às vezes entediante —, quero o horror pelo horror e vou do nada a lugar nenhum feito um santo exaurido pela própria beatitude ou feito um terrorista que manda uma sinagoga cheia de críticos literários pelos ares, desejo o apocalipse e o pôr-do-sol... em seguida, misturo a culpa com uma tesão encruada e cometo crimes inafiançáveis contra meu próprio gênio, imploro o amor de Deus e um desconto pras putinhas, vou à feira e compro tomates verdes, pago as contas de água e luz e depois procuro uma rede (que é o — "vá se foder sem ressentimento" — já escrevi isso no *Azul do filho morto*, leiam) e me balanço como se não tivesse acontecido nada — de fato, nada aconteceu — e cometo a espera, que é outro crime. Que também pode ser um final metido a besta. Uma suíte de Dorival Caymmi. Um paradoxo. A felicidade de antemão, o suicídio como um capricho desaforado. Ou, em último caso, a originalidade — que, a meu ver, não passa de um lugar-comum deslocado, no meio do caminho entre o Rio de Janeiro e São Paulo.

Sobre macacos e homens

Acharam o homem numa toca. Isso estragou a crônica que eu já tinha quase pronta — tratava de helicópteros americanos abatidos nas últimas semanas em Basra, perto de Bagdá. Urge, pois, falar de Saddam Hussein? Em tese. Mas não vou falar, não, de jeito nenhum. Se o rato piolhento tivesse ameaçado um esboço de resistência ou estourado os próprios miolos, talvez eu queimasse os meus para falar dos dele. Mas o bundão se entregou. Volto, portanto, aos helicópteros abatidos a oeste (?) de Tikrit... ou de Basra?

Sei lá. Não sou grande coisa em pontos cardeais e, agora, não vou consultar bússolas, mapas rodoviários nem a Internet. Azar da geografia. Outro dia — vejam só — me xingaram de formador de opinião !!! Eu?! Logo eu? O que conta é que o Dimenstein não estava no helicóptero e quinze bushinhos viraram paçoca. Eis a intenção da minha crônica antes de Saddam tê-la usurpado naquela toca abjeta. Algo parecido com duzentos americanos mortos depois de o povo iraquiano "ter sido liberto do ditador". Aos poucos aquilo ali — e eu vibrava, confesso — se transformaria em um novo Vietnã. Tal perspectiva provocara em mim reações do tipo parnasianas. Ou melhor: chamarei estas reações de contabilidade. A mesma contabilidade feita por milhares de pacifistas, românticos, pós-modernos e sadomasoquistas ao redor de todo mundo — creio que sim.

A partir daí é fácil ser contra (ou a favor de, tanto faz) o uso de camisinhas e acreditar que o ser humano tem jeito, apesar do Ed Motta, do Daniel Piza e do Saddam Hussein naquele buraco. Quando eu digo que tudo é arbitrário, desumano e movido a mesquinharias, ódio e rancor, dizem que exagero. Vocês sabiam que "a evolução dos genes ligados à audição pode estar vinculada ao desenvolvimento da linguagem, uma das características que separam o homem dos animais"? Isto é, se até os doze anos o sujeito ouvir muito o Caetano Veloso cantando *Paloma* — no futuro e dependendo dos alvarás do Gil — ele, o sujeito, além de não comprometer 100% sua metade chimpanzé, também poderá ler a saga inteira do Harry Potter e recomendá-la efusivamente aos amiguinhos de happy hour. A evolução da espécie não é mesmo fabulosa?

A bióloga Sarah Brosnan e o primatologista holandês Frans de Waal assinam embaixo (e confirmam minha tese pacifista). O caso deles é com o macaco-prego. Um tipo, segundo depreendi do estudo em questão, mais evoluído que os chimpanzés e os leitores de Harry

Potter. O artigo dos cientistas Brosnan e Waal foi publicado na revista *Nature*. Se comparados a alguns políticos e apresentadores de televisão, os macacos são, no mínimo, instigantes. Os bichinhos têm ética! Os testes foram feitos com fêmeas. Uma vez que elas, segundo os cientistas, "tendem a prestar muito mais atenção às interações sociais". Outra projeção evidente que, a meu ver, explica nossa falência social. Agora, acompanhem a pesquisa:

"Sempre em duplas, uma delas tinha que passar uma pedrinha ao instrutor e recebia em troca uma rodela de pepino ou uma uva. Em geral, o pepino é considerado uma recompensa totalmente aceitável, mas bastou as fêmeas notarem que a companheira ao lado ganhava a fruta (muito mais cobiçada) para alterar seu comportamento. Em alguns casos, elas simplesmente não entregavam a pedrinha ou se recusavam a pegar o pepino. Em outros, lançavam 'o salário injusto' para fora da jaula."

Queria só ver um teste desses com um piloto de Fórmula 1. Qualquer Rubinho Barrichello, no lugar dos macaquinhos, iria, aparentemente, se comportar do mesmo jeito que os seus primos pregos americanos. Não sei se vale a pena, agora, discorrer sobre intenção e gesto e insistir nesta espécie irrelevante. Mas o Rubinho tem o que os ingleses chamam de *sense of fairness* e deve ter estudado num desses biodigestores invertidos da vida tipo colégio Dante Alighieri & similares — em que "o sujeito entra cheio de gás (segundo o Nilo Oliveira) e sai de lá um merda" — e, além disso, Rubinho deve ter dado muito orgulho pro papai e pra mamãe (e pro Schumacher, é claro), então, não é exemplo a seguir — em termos pacifistas, digo. Entretanto, não deixa de ser uma curiosidade em comparação com os gorilas albinos e alguns psicopatas sadomasoquistas, do quilate do Papa e de gente que somente mata e faz o bem por determinação da escuderia e/ou questão doutrinária. Mas esta crônica não era sobre os helicópteros abatidos ao sul de Basra (?) ou a oeste de Tikrit? Antes de o Saddam, o rato, ter sido capturado naquele buraco infame. Era isso? Onde eu estava?

Ah, sim! Lembrei! Perseu, o herói que cortou a cabeça da Medusa. Era isso! Perseu, que só deu conta do recado porque não teve um *face to face* com a Medusa, covardão. Sou contra a metafísica e o jogo de espelhos e as metáforas do Lula — por conta disso Perseu liqüidou a górgona usando o reflexo dela em seu escudo. Borges, a propósito, usava do mesmo expediente com maior desfaçatez — e ninguém o acusava de exagerado nem de demente. Mas do que eu falava?

Oh, Deus! Meu Deus! Eu falava dos americanos que caíram de helicóptero e dos pacifistas que desejam o horror porque a Igreja é contra o uso de camisinhas e a favor do Palmeiras que subiu para a primeira divisão, era isso? Ou eu teria desejado um show pro Ed Motta ao sul de Tikrit, para nunca mais ter que ouvi-lo estragar *Beatriz*, a música mais bonita da MPB? Aí entraram os macacos-prego, o Saddam de quatro e o Rubinho

Barrichello... e, a reboque, os alunos do colégio Rio Branco (ou do Santa Cruz?) junto com Perseu, o herói sem nenhum caráter? Ou eu teria incluído Borges nessa confusão por desfaçatez, com o intuito de terminar minha crônica falando em górgonas — foi isso? Se foi, consegui o que queria. E azar do Saddam a oeste de Bagdá, em Tikrit. Ou na putaqueopariu.

Aula

O filminho francês terminou bem. Nem vale a pena dizer qual filme, falar do diretor e da loirinha gostosa que, no último minuto da prorrogação, encontrou seu príncipe narigudo e viveu feliz para sempre, apesar da filhinha hiperativa e aborrecida. Não vale a pena porque escolhi as tragédias. Tenho muito claro o final dos meus contos e romances: alguém tem que se matar — de preferência morrer dependurado. A forca é a escolha mais óbvia. Eu me realizo assim.

Para mim é um problema a menos. Vai terminar em suicídio. Basta chegar até lá. O sucesso é ser feliz: não é isso o que nos ensinam os livros de auto-ajuda? Sou um otimista.

Ontem, no McDonald's da Av. Paulista — a propósito e depois da seção de cinema supracitada — fiz uma retrospectiva das mulheres que me disseram "Não" e, também, aproveitei para conjeturar sobre as crônicas de Machado de Assis. Encontrei algumas afinidades. A saber:

Antes do arremate final, o bruxo especulava consigo mesmo, recebia a visita do senhor ostracismo e aconselhava-se, aconselhando-o... isto é, desdobrava-se no próprio capeta, viajava na maionese legal e voltava ao assunto (ao próprio corpo) sem comprometer-se com o que ele mesmo havia recém-especulado no parágrafo anterior. Ainda assim comprometia (ou contaminava) o pensamento que iria ajambrar no parágrafo seguinte. Um treco fácil de fazer se o cara for um Machado de Assis. Aí me dei conta de que usei a mesma cara-de-pau para ver o filminho francês, fiz minhas interferências metafísicas — invoquei meus exus, barnabés e tições — e, de birra talvez, resolvi não "alterar o parágrafo seguinte". O mesmo procedimento que, imagino, acometia Machado de Assis na confeitaria Colombo, o McDonald's da época. Um luxo que resolvi chamar de descuido premeditado. Uma palavra, aliás, é o suficiente para entender o que interferia nas crônicas do bruxo e que, agora, reverbera aqui, depois do filminho boboca.

A palavra mágica é "Não". Creio que escrever é armar e desatar nãos, embrulhar o vazio e apelar, talvez, para o sobrenatural, o suicídio e/ou dois hambúrgueres, alface, queijo, molho especial, cebola, picles e tudo isso num pão com gergelim. Ou apelar para o movimento das marés, o ciclo das mulheres e até — se for o caso — o dicionário Tupi. "Usar" é sujeito e é predicado. O verbo não tem importância nenhuma. Usam-se as mulheres que disseram "Não" e sacrificam-se as que valeram a pena. A alma e a recíproca nada têm a ver com isso. As expectativas — as piores e as melhores, tanto faz — jamais hão de se corresponder. Depois disso — vou logo avisando — vem a metafísica pra valer, o sobrenatural e a infelicidade plena. O curioso é que essas melecas se equivalem. O filme é que não prestava.

— Quem se habilita?

Bem, estamos de acordo que o filme era uma droga. Machado de Assis imortalizou a picaretagem a ponto de apadrinhar Paulo Coelho e Nélida Piñon, a alma é um treco que fede e a recíproca sempre vai ser uma esculhambação. Até aí, beleza. No caso do mané que, apesar de todos estes pesares, ainda consegue ser feliz e insiste em parar em fila dupla, sugiro este filme chamado *Conto de primavera*, de Eric Rohmer. Em seguida, virão os acertos de contas.

Aí é que a coisa pega. Ou você, que um dia acreditou em finais ambíguos, enlouquece. Ou entra pruma Igreja quadrangular e sadomasoquista... ou vai tomar o santo-daime da Lucélia Santos. Ou se enforca. Que é a medida mais sensata — o único caminho, a meu ver — rumo a um final feliz e verossímil.

Alguém aí sabe namorar?

Há que se ter controle, respirar e contar até dez para disfarçar o preconceito racial. O racismo, segundo pesquisa publicada na revista *Nature Neuroscience*, prejudica o desempenho cognitivo. Isto é, se fulaninho é politicamente correto e odeia negros, não vai conseguir se auto-enganar, assobiar e chupar cana ao mesmo tempo. Não me interessa, aqui, reproduzir a experiência, as etapas e o monitoramento científico cujo resultado não fez nada mais do que confirmar meu bocejo diante do óbvio. Tampouco cometeria a imprudência de atribuir às determinantes biológicas o encerramento da questão. Não sou burro, nem vivo no positivismo do final do século XIX e, também, ninguém vai me obrigar a contar até dez para constatar o ululante: adoro o Tim Maia e não tolero o Carlinhos Brown. Ser negro no caso dos dois é um agravante?

No caso do Carlinhos Brown, que é um chato, faz umas músicas imbecis junto com os branquelos Arnaldo Antunes e Marisa Monte, creio que a cor é apenas meio

43

de subsistência, um álibi. Tim Maia possuía talento. O agravante no caso do Tim Maia era o talento? Eu o tenho azul, para mim ele era azul, azul da cor do mar...

Mas o racismo, como a pesquisa da *Nature Neuroscience* e eu íamos dizendo e a despeito da genialidade do Tim Maia, estará ali nos mais recônditos e insuspeitos desvãos da mente (no meu caso é memória afetiva) toda vez que o Ed Motta — para dar um exemplo mais nefasto — estragar a *Beatriz* do Chico e do Edu Lobo... ou, ainda, se de um lado temos os instrumentos ou freios para evitar esta separação abominável, de outro, jamais teremos como escapar de nós mesmos. E agora?

A pergunta e o problema são outros? Eu e você, meu caro amigo politicamente correto e acima de qualquer suspeita, estaremos condenados a ser nossos únicos confidentes?

Sempre me controlei. Mas nunca tive boa vontade para contar até dez — e isto, de certo modo, explica por que nunca violentei criancinhas ou atropelei mendigos fora da ficção... vou dizer outra coisa: eu me divirto a chamar este controle ou freio social de conduta civilizada. Isto porque ainda posso ser cínico, e não aprendi a namorar.

A tolerância é a etapa seguinte. Uma vez que para tolerar é preciso contar até um milhão e violentar a cumplicidade eufórica estabelecida entre você e o nosso inconfessável mau caráter, engolir o veneno social e sorrir como se já soubéssemos namorar e beijar de língua, igualzinho o Carlinhos Brown e Arnaldo Antunes.

Para mim já basta o freio que me impus (que é o cinismo advindo da mutilação). Não me peçam complacência. Não me peçam a inclusão pela inclusão. Odiar já é um fardo abominável; não viver este ódio é perder o freio, é transformar o que restou de um miserável amor a si mesmo em vingança, em ódio redobrado.

Ed Motta não tinha o direito de estragar a *Beatriz* do Chico, depois dele eu me sinto à vontade para levar a esfera privada para dar uma banda de skinhead na esfera pública, sou capaz de defender o indefensável, só de birra. A violência — tenho convicção, e falo por mim — é apenas o transbordamento deste ódio negado a si mesmo. Se eu quisesse exagerar (e eu quero: sempre) eu diria que um skinhead é o cara que foi tolhido da capacidade de se redimir. Quem não tem autonomia para repudiar o triângulo funesto do Carlinhos Brown com a Marisa Monte e o Arnaldo Antunes — é quase constrangedor dizê-lo — jamais vai poder ver o mundo azul da cor do mar do Tim Maia. Isto é o mesmo que ter uma vaga noção do azul e não ter outros meios para alcançá-lo senão negando-se pelo transbordamento.

O nome disso pode ser amor. Por amor vibra-se com o Corinthians ou joga-se neguinho do trem (?!). Será que eu escrevi isso?

Acho que sim, escrevi e agora vou ter que explicar. Entre tantas idas e vindas, um presidente babão e a esperança jogada na lata do lixo, posso dizer que o Brasil é um país apodrecido pela complacência. E mais: como eu quero simplificar a coisa, empobrecer o debate e oferecer a única contrapartida ou espelho possível, digo que tudo se encerra na genialidade sempiterna do Caetano Veloso (tinha que sobrar pra ele...) — o resto, para o mal e para piorar ainda mais, são os desdobramentos tropicalistas e tribalistas do gênio de Santo Amaro da Purificação. Um treco que irrita, está no poder, sufoca e dificulta a vida de quem não aprendeu a beijar de língua com a patota do Arnaldo Antunes. Diante deste sufocamento, skinheads jogam dois adolescentes de um trem e a ignorância irrompe (do nada?) e ninguém entende o porquê. Tenho um palpite: é o veneno engolido à revelia. Ora, jogar dois garotos de um trem é evidentemente um ato condenável em todos os aspectos... claro que é, não há termos defensáveis nem por birra, tudo bem. Mas a pergunta era: por quê?

Bem, vejamos. Eu suspeitava do amor, do veneno engolido à revelia e sabia que a ignorância somente poderia irromper da própria ignorância. E tinha a consumação de um fato: dois garotos jogados do trem. Pois bem, agora que jogaram os garotos do trem ou agora que a merda está feita, eu diria que o ato é irreversível e dolorosamente necessário como metáfora do tal veneno engolido à revelia. Isto é: alguma coisa que não eram os dois garotos foi jogada do trem. O que seria?

A camiseta de uma banda? Um corte de cabelo? Um país sombrio? A burrice antes do engajamento? Um beijo de língua? Um jeito odara de ser? O amor obstruído? O quê? Alguém aí que aprendeu a namorar com o Arnaldo Antunes e o Carlinhos Brown tem a resposta?

Dostoiévski sem cérebro

Creio que todas as donas-de-casa que vibram com o *Big Brother Brasil* já devam ter ouvido falar nos panópticos de Jeremy Benthan. Impossível falar em *BBB* e não fazer esta conexão. Só para lembrar, foi este filósofo utilitarista inglês o idealista do sistema de construção que permite, a partir de determinado ponto, avistar todo o interior de um edifício (ou claustro). Deste lugar ou torre de observação, o diretor da prisão — segundo a idealização de Benthan — "veria sem ser visto". Assim, ele monitoraria o comportamento no claustro amparado na incerteza de quem é observado. Entre outras coisas, esta incerteza resultaria em economia e eficácia no controle dos subalternos, detentos ou doentes enclausurados, uma vez que, tendo a privacidade invadida de modo furtivo, o vigiado acabaria, ele mesmo, em dado momento, se vigiando. Tudo o que uma dona-de-casa sempre desejou para o filho adolescente antes do celular.

Foucault estudou a impessoalidade no panóptico de Benthan e desconfiou que "o grande olho" não precisaria necessariamente ser do diretor; podia ser de um amigo, um simples funcionário subalterno, inclusive podia não ser ninguém. Benthan morreu em 1832 e Foucault, em 1984.

Nem um nem outro, porém, cogitaram que o observado(a) pudesse arreganhar as genitálias para as revistas especializadas e inverter o ponto de vista do final da picada: todo o arrepio claustrofóbico da sentença de Foucault ou "a coerção punitiva do invisível" foram revertidos em esculhambação e merchandising a serviço do Pedro Bial, maestro do claustro ou crupiê do final da picada — seja para o bem ou para o mal. Quero, aqui, deixar muito bem claro que esse Benthan era um escroto. E que Foucault, George Orwell e Aldous Huxley (que igualmente apostaram, digamos, na "distinção humana ante a vigia da besta") fizeram nada mais nada menos do que profetizar o tempo em que viveram. Só isso. Todos eles quebraram a cara. O que era ameaça e coerção virou prêmio, vontade de aparecer e objeto de entretenimento.

Apostar no humano é prejuízo na certa; com os cavalos e o jogo dos outros bichos, ainda temos a ilusão como prerrogativa antes da perda: de algum modo a perda é diminuída pelo vício, pela aposta seguinte. Por isso que os mais lúcidos enchem a cara, usam drogas pesadas e amam uma vez só nesta vida: não há chance em apostar em algo zerado, nenhuma chance. O que era humano matou o amor, matou a ilusão. A vida e suas conseqüências mais belas jamais tiveram grandiosidade para tipos como Jeremy Benthan, demandaram apenas vigilância: e era esse grande olho tudo o que os vigiados precisavam para mostrar o quanto suas vidas eram irrelevantes, à semelhança do observador. Triste coincidência.

Mas, falando em vida — porque eu ainda acredito em algo que apodrece antes da morte —, teve uma época na minha própria (há aproximadamente trinta e quatro anos, desde os meus três anos de idade, quando compreendi que o ursinho da lata de talco pompom era um canalha, até novembro do ano passado, quando me convidaram para escrever aqui) em que fui obrigado a ouvir muita porcaria dos outros e calar a boca. Senão por despeito, por perplexidade ou porque ninguém estava interessado em saber a minha opinião. Belos tempos em que eu me trancava no quartinho da empregada e desejava a morte para os meus entes queridos e para os não queridos também. Há dois meses, como eu dizia, as coisas mudaram — embora eu continue ouvindo as mesmas porcarias, veja a mesma televisão e freqüente o mesmo supermercado. Hoje minha condição social é outra. Sou um autista remunerado: e remunerado exatamente para desejar as mesmas coisas que eu desejava antes, só que em público.

Estou aqui na condição de terceiro olho. O mais obscuro, aquele que é o destinatário do esgoto, que fede e pressente os adágios e cavalgadas mais violentos, vigia e pune, abre, fecha e pisca de acordo com o roteiro estabelecido pelo Boninho, que é o olho do olho do Bial. A gente se vê. Assim, portanto, na condição de buraco negro, fui obrigado a assistir ao *Big Brother* deste domingo, dia 17.

Aos brothers: ouvi algo a respeito de uma briga entre duas peruas. Constam um crioulo sarado e um coveiro improvável estrategicamente ajambrado pela produção para ganhar o jogo, um caipira (ou seria a caipira a perua encrenqueira?) O que mais?! Fulaninho(a) humilde, tatuagens, piercings, arrebites e músculos generalizados, animais arrotando, escovando os dentes e copulando debaixo dos edredons. Gincanas idiotas. Um místico. Outro macumbeiro. O Pedro Bial tá de cabelo branco por causa da Giulia Gam e ainda teremos três meses de zoológico pela frente: em suma, gente normal que não tem nada a dizer e que cria uma empatia sórdida com quem não tem nada mais a fazer, tipo donas-de-casa panópticas e autistas de plantão remunerados como eu e o Daniel Piza (ele mais do que eu).

Adorei a argentininha e aproveito esta crônica para pedi-la em casamento — quero ter dois filhos mongolóides com ela, Dieguito e Edson; evidentemente, só para ser o do contra, Dieguito será meu preferido.

Big Brother é Dostoiévski sem cérebro. Uma vez afirmei isso numa entrevista. E, para que ninguém tenha nenhuma dúvida, quero sugerir à produção do *BBB 4* a inclusão de *O idiota* e *Crime e castigo* como halteres, os brothers poderiam malhar o corpo com Dostoiévski. Alguma utilidade — se depender de mim — a literatura terá dentro daquela jaula. Uhúúúhúuu, galera!!!

SP Fashion Week

— A editora de moda vai te ligar.

— Ah, vai?

— O nome dela é Sandra. Aí vocês combinam tudo. Ela vai arrumar as credenciais VIP e a van passa na sua casa quarta-feira. Tá bem?

— A van? Quarta-feira... na minha casa?

Quarta-feira, dia 28/01. Abertura da São Paulo Fashion Week. Se alguém, há dois meses, me dissesse que a editora de moda ia me ligar, combinar tudo e arrumar as credenciais VIP, eu, em primeiro lugar, diria que VIP (viado importante e/ou desimportante) jamais fui nem pretendi ser e, depois, mandaria esse alguém lá pras profundezas do baixo-ventre da mãe dele que o pariu; ou, simplesmente, diria: "é engano".

Mas não era engano, não, o negócio era pra valer. Uma coisa só, pensei: "será que em uma semana dá tempo de crescer o cavanhaque?" Em seguida, pensei em assassinatos em série. E me arrependi de não ter perguntado ao meu chefe internético se, por acaso, eu não podia ir armado ao São Paulo Fashion Week.

De pensar morreu um burro. Então, tive que recorrer ao Estatuto da Criança e do Adolescente. Em último caso, eu iria acionar o conselho tutelar e o Ministério Público e denunciaria os respectivos pais e responsáveis por explorarem suas barbies pré-adolescentes, malencaradas e anoréxicas; pois é dever de todos zelar pela dignidade da criança e do adolescente "pondo-os a salvo de qualquer tratamento desumano, violento, aterrorizante, vexatório ou constrangedor", está lá, no artigo 18, eles iam só ver: eu e meu cavanhaque fashion estávamos só começando a nos entender. O mundo da moda nunca mais seria o mesmo depois do nosso desfile. O juiz Siro Darlan morreria de inveja.

Há tempos, creio, faz-se mister esta cruzada voluptuosa. Aquelas barbies magricelas voltariam para o interior de Santa Catarina para nunca mais desvirtuarem os canais da concupiscência, eu tenho a meu favor as matronas de Fellini e o Estatuto da Criança e do Adolescente, capítulo II, art.17: "O direito ao respeito consiste na inviolabilidade da imunidade física, psíquica e moral da criança e do adolescente, abrangendo a preservação da imagem e da identidade."

A preservação da imagem: eis o ponto. Consubstanciada pela inviolabilidade da imunidade física, psíquica e moral; com tal artilharia e a retaguarda literal das matronas de *Amarcord*, os estilistas, maquiadores, clubbers, DJs andróginos e VIPs congêneres seriam atingidos gravemente no seu intuito sórdido de desmoralizar a beleza e voluptuosidade da mulher brasileira — seja no atacado, no tecno ou no varejo. Sou da opinião de que se o cara não gosta de mulher, que mantenha distância. Isso, sem falar na Lei Estadual 9.829 de 6/11/1997, que estabelece proibição quanto à aplicação de tatuagens e piercings em menores de idade...

— Quer dizer que a editora de moda vai me ligar? Como é mesmo que ela chama?

Sandra ligou e acertamos os detalhes. Aconteceu exatamente como eu temia e conforme as previsões do meu chefe internético: a van chegou no horário. Eu e meu cavanhaque fashion embarcamos rumo ao Ibirapuera. Quando atravessamos a ponte da Cidade Jardim, pedi ao motorista que desligasse o sertanejo. Ao que ele fez o seguinte comentário: "Só hoje, com o senhor, é o quinto viado que vai pro Ibirapuera e me pede para desligar o sertanejo."

Sandra me esperava no prédio da Bienal. As coisas iam muito bem pro lado do meu cavanhaque fashion. E péssimas pro meu lado. É melhor não descrever Sandra (um amor à primeira vista, merece outra crônica). Mas eu poderia muito bem ter voltado ao estacionamento e assassinado o motorista da van, em seguida iria ao cinema assistir a *Invasões bárbaras*. Grande filme. Marie-Josée Croze que interpreta a junkizinha ganhou a Palma de Ouro. Merecidamente. A gente sai do cinema enforcado de compaixão e desesperança (isso é mais do que um nó na garganta). Mas onde eu estava mesmo? No prédio da Bienal, quarta-feira, dia 28/01, abertura da SP Fashion Week.

Resolvi esquecer o motorista no estacionamento. Voltando à minha editora de moda preferida, a primeira pergunta que fiz a ela, foi: "Qual a idade dessas caveirinhas empombadas?"

Tinha até criança de 13 anos, e o Estatuto borbulhava na minha cabeça. Qual a diferença entre a garota que faz a vida na orla de Maceió e essas barbies anoréxicas metidas a besta aqui da Fashion Week? Aqui, penso que é pior: art.18: tratamento desumano (elas comem alfacinhas com granola); violento (são mantidas em cárcere privado e submetidas aos fusos horários das bichinhas despirocadas); aterrorizante e vexatório (basta olhar as roupas e olheiras que são obrigadas a desfilar em público): sim, aqui é muito pior, vide depoimento de Fernanda Quilice, 14 anos, a Mônica Bergamo (*Folha de S. Paulo*, 25/01): "Há seis meses ela está trabalhando praticamente de graça. É que, ao entrar na Marilyn (que é a agência), ela contraiu uma dívida para fazer o book de fotos. Algo em torno de seiscentos reais. Teve que fazer vários trabalhos para pagar. Mas novas dívidas foram feitas. Até hoje tem uma conta devedora e nunca embolsa o que recebe." O que é isso? Qual a diferença? A diferença, a meu ver, é que aqui na Fashion Week as garotas são enganadas por cafetinas profissionais, as bookers, e glamourizadas por uma mídia omissa e vazia... lá nas praias de Maceió, elas sabem exatamente o que estão fazendo: com muito mais graça, simpatia e elegância, diga-se de passagem.

Onde está o Ministério Público? Só para reforçar, vou citar um depoimento chocante e deslavado colhido de Cristina Franco (a booker) pela repórter da *Folha de S. Paulo*, Mônica Bergamo, sobre a modelo Cristiane Muller. Diz Cristina Franco, sem nenhum pudor: "Ela é nossa desde os 12 anos", qual é o ramo de atividade dela, meu caro leitor? Cadê o Ministério Público? Situação lamentável, deveras triste — vidas jogadas no lixo desde muito cedo. O tipo da coisa, doutor Darlan, que movimenta muita hipocrisia, dinheiro e não tem mais volta. Creio no doutor Darlan. Ou será que o Ibirapuera não é jurisdição dele?

De qualquer forma, vamos ao desfile. Triton, a marca. Eu e meu cavanhaque estávamos cercados por cobras, lagartos e mariposas de todos os feitios, gêneros e arrebites. Aquilo ali parecia um orquidário de mutantes. As bichinhas que nos ladeavam fizeram de conta que nossa presença (minha e do meu cavanhaque fashion) ao lado delas era apenas algo destoado do mundinho onde flutuavam e davam seus chiliques. As barbies trotavam. Até que apareceu o Zé do Caixão e, devido ao assédio, não consegui perguntar se ele, também, era um adepto do metrossexualismo. Na falta do Zé do Caixão (ou seria o Vampeta? Vai saber...) mirei uma loirinha magricela acocorada no meio de umas olheiras maiores do que ela e perguntei a cidade de onde veio.

— Ituporanga-SC, terra da cebola — (segundo a barbie).

Tipo clássico, esquálida e defunta, 15 anos, miolo mole, e o sonho dela era sair da roça para ajudar o pai e a mãe. Fazia quase um ano que morava em São Paulo e já conhecia Tóquio, Paris e semana outra — me disse, entediada — fizera umas fotos em Milão, "na praça onde o Papa dá a bênção"!? Bem, meu caro leitor, peço desculpas e, aqui, me obrigo a fazer um esclarecimento: a praça supracitada deve ficar em Ituporanga-SC, terra da cebola e pólo exportador de barbies desmioladas diretamente para as passarelas e lupanares do mundo inteiro. Aliás, Alfredo Wagner e Chapadão do Lajeado são os lugares fashion mais próximos antes de chegar à Piazza São Pedro, dobrando à esquerda.

A culpa não é minha, esse é o mundinho inventado pela Erika Palomino — não tenho absolutamente nada a ver com isso.

Sinceramente, eu penso que não tem Ministério Público ou Estatuto da Criança e do Adolescente que dê jeito. Antes de sair de casa, eu até havia me compadecido das pobres garotas — inventei uma tese da imagem refletida em oposição à realidade prostituída; nada disso, agora, depois do motorista da van ter me incluído em sua contabilidade e de todas as aberrações que vi no prédio da Bienal, nada disso faz sentido, nem mesmo a opção metrossexual do Zé do Caixão (ou seria o Vampeta?) me interessa. A única coisa que me resta é voltar para minha realidade mezzo calabresa, mezzo muçarela, raspar este cavanhaquinho ridículo e dar esta crônica por encerrada. De fashion, basta meu microondas e as pipocas amanteigadas que ele faz. Semana que vem estarei na Ilha de Caras, me aguardem.

Nada em lugar nenhum

De nada adiantou. Com esta, são dezesseis crônicas. A impressão que tenho é a de que ainda estou falando para os meus amigos — o que é um privilégio para mim e para eles.

A propósito, quem faz canções a respeito deste tema e também trata de tuiuiús e capivaras com muita leveza e elegância é o Almir Sater. Se eu tivesse um pouco da generosidade desse violeiro, também sobrevoaria o Pantanal junto com as aves de arribação sem cometer a besteira de fazer poesia, faria uma catira legal e manteria uma distância inteligente das palavras... Diferente do Manoel de Barros que só faz revirar o chão feito uma larva gramatical indulgente: não quero virar estrume de sapo-cururu. Na verdade, o que eu queria era revirar o mundo do avesso e falar com os meus amigos ao mesmo tempo. Mas isso não consegui.

Quando o Kaíke me convidou para escrever na AOL, achei que não ia dar conta de enviar um texto por semana; meu ritmo era (ou é, ainda não sei) o das charnecas e do absinto do século XIX... E, antes de escrever aqui, eu demorava meses para ajambrar um parágrafo, surfava languidamente nas ondas da vagabundagem (do tipo "de frente para o mar e nem aí com isso"), amava Marisete mediante paga e dava uns tratos à bola e aos meus fantasminhas e aberrações lá no baixo-ventre das praias da Ilha de Santa Catarina; vez por outra arrancava hippies, babies destoadas e amores inverossímeis dos escombros dos anos 70, tinha uma gata, a Ana C., que morava dentro da churrasqueira, a barba comprida e um jardineiro mongolóide, o Pepê, que capinava o terreno da minha bela casa de praia com vista para o mar e fazia amor comigo. Antes de entrar nessa rodaviva e dar meus palpites semanais, li toda a obra de Dostoiévski e desprezei as viadagens cristãs de Genet, eu era um sujeito gris pelos desvãos, amargurado na medida do solipsismo e feliz da vida na medida do possível e apesar da vizinhança. Hoje a coisa mudou, eu mudei e, de certa forma, sou um cara desencantado, triste e monotemático — também fui traído, enganado e dei o troco. Queria me apaixonar novamente... Só isso, Marisa.

No começo, assustado, escrevi umas cinco ou seis crônicas de uma só batelada. Agora, depois desses meses, o que me assusta é o fato de que aconteceu algo pior do que eu imaginava. Da quantidade industrial — para mim uma crônica semanal entra nesta categoria — eu até que estou dando conta com relativas facilidade e qualidade. O que me frustra é que não estou dando conta da realidade, "o em volta" e todas as bobagens advindas do cotidiano. Acontece comigo algo parecido com o desgosto do narrador de Borges em "O aleph", quando Beatriz Viterbo morre e os painéis de ferro da Plaza Constitución renovam o anúncio de cigarros vermelhos: o sentimento do eterno conjugado com o vazio e a esterilidade que somente o infinito e o inferno dos paradoxos poderiam encerrar de forma tão trivial e escancarada. Sem que eu pedisse, o "em volta" me engoliu... Bem, acho melhor parar com estas conjeturas metafísicas, caso contrário corro o risco de somente o Juliano Garcia Pessanha prosseguir nesta crônica (ele é o autor de *Certeza do agora*, editora Ateliê, leiam urgentemente!).

O que eu quero dizer é que não adianta nada escrever aqui, nem em lugar nenhum. Ou, por acaso, adiantou alguma coisa falar em *Big Brother*, dizer que aquilo é um zoológico nefasto e desejar ter dois filhos retardados com Antonella? Nada, não adiantou nada. O *Big Brother* tá lá, firme e forte, a gringa me enfeitiçou para sempre e, dentro de alguns meses, Sílvio Santos vai enfiar sua *Casa dos Artistas* 5 ou 6 goela abaixo da minha realidade derrotada. De que adiantou falar do oba-oba que se fez quando do lançamento do livro do Chico Buarque? Nada, absolutamente nada, o livro é um sucesso de vendas e provavelmente ganhará um monte de prêmios e medalhas, Daniel Piza continuará fazendo pose de Paulo Francis e despejando aforismos "pequenas empresas, grandes negócios" na cabeça de todo mundo, todo domingo no *Estadão*. Alguma providência foi tomada pelo Ministério Público quanto às barbies anoréxicas? O que adianta esculhambar e reiterar a esculhambação? Os tribalistas e todos os desdobramentos sensuais e odaras do coronelzinho de Santo Amaro da Purificação são tão certos na próxima temporada quanto as enchentes na Vila Brasilândia e a cara feia dos manos do rap. De nada adiantou estrebuchar, lançar pragas e trovoadas em cima de lugar nenhum. Acho que é isso. Nem vou falar do Ed Motta.

Estou perdendo meu tempo e gastando o tempo de vocês, leitores, que, toda quinta ou sexta-feira, vêm até aqui para ver onde cairá a próxima bomba. Eu vos digo: no Ed Motta ou em lugar nenhum, dá na mesma. Sou um crédulo, este é meu problema. Um bobalhão apartado de si mesmo que imaginou ter duas lésbicas deslizando sobre o calçadão do Leblon somente para o meu regozijo e o consumo do Takeda, um japa amigo meu que é chegado nesses lances e que, além de persuasivo e discretamente camicase, adora comer um frango a passarinho e discorrer sobre adagas e mutilações genitais amiúde... Sei lá, é mania dele falar desses assuntos enquanto chupa asinhas de frango a passarinho. Escrevo para o Takeda, pro Mário e pro Nilo, pros meus amigos... E se o Lísias, que mais do que amigo é também meu ideólogo de plantão, achar que tá bom, pra mim tá ótimo.

A grana que recebo é decente (descontados os impostos escorchantes....), mas não me livrou dos ônibus lotados nem dos congestionamentos de São Paulo, tampouco me ajudou a comprar mulheres melhores do que aquelas que eu consumia (com a mesada da mamãe) antes de escrever na AOL. Sou um suieito de hábitos simples, quase um monge, nem cama eu tenho, durmo sobre um colchonete furreca e moro numa quitinete na praça Roosevelt, quem quiser me achar e acabar com isso tudo, por favor, vá ao teatro dos Satyros que fica na mesma praça, veja o *Hotel Lancaster* do Bortolotto, e pergunte ao Loureiro, que é o diretor do *Hotel...*, por mim: é a coisa mais fácil de se achar. Mas vá armado que eu costumo reagir.

Depois da peça, estou lá. Triste e amargurado, nem sei por quê. À espera da mulher que idealizei desde os meus 12 anos de idade e que jamais aparecerá; estou lá, eu, minhas bochechas e minhas olheiras, assim meio que cambaleante, uma parte muçarela e a outra metade calabresa... Sobretudo convencido de que não adiantou nada estrebuchar, escrever quatro livros geniais e, agora, estas crônicas acima da média; não comi ninguém por causa/nem apesar disso e, quero dizer que sou uma besta quadrada e que, daqui pra frente, tudo o que eu fizer vai ser feito deliberadamente em vão — como se isso fosse possível...

Em todo caso... Vejam só como a inhaca é sintomática. Outro dia peguei uma mina na rua Augusta, era de Caxambu-MG. Lembrava a escritora Zulmira Ribeiro Tavares, cismei com ela, a Tia Zulmira. Sem eu pedir, ela fez um desconto porque "foi com a minha cara".

Fingi que acreditei (se estou vivo até hoje é por causa desses arroubos "finjo que acredito") e, de lá, nos dirigimos para um quartinho alugado na Major Sertório. Para resumir, digo que a camisinha estourou. Sabem o que a Tia Zulmira falou pra mim?

— Não é nada, não, fica tranqüilo. Não tem nada de você dentro de mim.

Nada meu dentro dela. Às vezes, penso que escrevo para que essas coisas possam acontecer; não tinha nada meu dentro dela. Nada. Nem um filho, nem uma doença sequer, nada. O problema é que nunca vou ficar tranqüilo" e, daqui pra frente, suspeito, as coisas cada vez vão se esvaziar mais e mais dentro de mim, até acabar tudo num quartinho alugado fedendo a esperma desacontecido e tristeza. Um dia acabo com isso, nem que não tenha mais nada meu dentro de mim e em lugar nenhum.

Crônica para a mulher amada

Júlia voltou a ligar.

— Oi, Marcelo.

— Faltou cheirar seu pescoço, Júlia.

— ...

— Pegar na sua mão. Sabe como é... abraçá-la e comer pipoca doce juntos. O que é o amor para você?

Antes de qualquer coisa, é melhor dizer o que eu penso a respeito. Para não complicar, vou falar no presente; que é o tempo do encantamento e/ou para sempre: sou a favor (ou era antes da Júlia... vai saber?) do amor à vista. Aquele que é resolvido no foro competente, em poucas horas... do tipo troca de interesses ou feminino mesmo. Lavou, tá novo.

O amor também pode ser negociado a prazo. A diferença entre o primeiro e o segundo é a forma de pagamento. Neste último, que, geralmente, inclui filhos, veterinário e petshop e que, às vezes, é oficializado na Igreja e no cartório, os amantes trocam interesses, ti-

65

ram e pedem o couro e a alma uns dos outros em longas e tediosas prestações. Uma vida inteira pode ser trocada por um número de disk-pizza. Temos também o disk-sushi e as revistas femininas especializadas; que são variações (ou serviços) desta maneira esquisita de amar em conluio. O amor é um band-aid para uma ferida que não seca nunca. Os casais se revezam na feitura do curativo. O amor pode ser um jantar romântico ou uma viagem para a Costa do Sauípe em troca de uma semana de silêncio. Às vezes trocam-se a felicidade e o sexo ao mesmo tempo por fidelidade e uma sogra a cada quinze dias. Sem falar em planos de saúde, dentistas trocados por condomínios atrasados, IPTUs e interesses infinitos trocados por outras bugigangas, atrocidades & afinidades eletivas. Quando se trata de amor não interessa a qualidade do que é trocado, mas o câmbio. A equação é simples. Ou: o sentimento mais puro e desapegado é apenas moeda mais valorizada em troca de... sentimentos puros e desapegados! Bingo! Eu, por exemplo, exigiria sexo oral e pensaria duas vezes antes de abandonar o programa do Ratinho para ver o novo filme do Almodóvar com Júlia. Isso porque valho por todo um *grupo de apoio*, sou um cara inteligente, fácil de enganar e até dispenso a ida aos estádios de futebol em dias de semana. Júlia sabe o que quer.

Antes dela, o amor gratuito só existia para mim em troca de uma idealização impossível e sempre encerrava-se em si mesmo: eu no banheiro covardemente me digladiando comigo mesmo, manietado literalmente num jogo de cinco sentidos voltados contra um: o bom senso. Antes de Júlia eu arrancava minha verdade às unhadas. Agora, estou apto a mentir, e não preciso mais do amor. Vamos lá, portanto.

Para quem não sabe, estou recolhendo os estilhaços que sobraram do cara que escreveu a crônica da semana passada, "Nada em lugar nenhum". Tive uma semana para juntar as rebarbas das desilusões, comprar um CD do Altemar Dutra e oferecer um bolerão para vocês. Pensei em chamar esta crônica de Gardênia, mas não identifiquei o perfume da Júlia, nem quis saber de trocar signos com ela, tampouco vi seus cabelos molhados depois do banho... Digamos que mantivemos as distâncias protocolares antes e depois do ato em si.

Não sei qual é a dela. A única coisa de que me lembro é de uma primeira mulher dentre várias enfileiradas à beira de um precipício... Por acaso esta mulher era ela, Júlia. Voou. Eu fiquei lá, gratuitamente (apaixonado ou nem tanto: a conta do quilo chique foi de noventa reais); junto às outras Júlias, a contabilizar nossos sustos e assombrações comuns, com aquela impressão medonha de já ter visto algo parecido antes da queda. O amor, talvez. Ou o jeito que ela meneava a cabeça alegremente e falava de rompimentos como se escolhesse o devir entre alfacinhas metidas a besta e o badejo ao molho de pitanga do quilo chique.

Júlia não usava sutiã e os seus mamilos brincavam comigo de aparecer e desaparecer dentro da blusa de seda branca; não pensei em chamá-los de auréolos nem de chamar os seios de tetas, eram do tamanho médio para grande, alegres, para mim bastava tê-los assim. Na hora pensei na canção do Chico que fala do amor entre dois pagãos e na partida dos amantes "teu seio em minhas mãos..." Mas deixei escapar o pensamento por causa do oba-oba que fizeram em torno de *Budapeste*, o livro dele e, principalmente, por causa da brincadeira de aparecer e desaparecer que já me descontrolava àquela altura. Daí contei umas lorotas sobre Hare Krishnas e Júlia adorou quando lhe revelei as nuanças das várias encarnações de Buda aqui nesta terra de seios brincalhões. Foi quando me arrependi.

Comigo sempre acontece de me arrepender e/ou não saber onde pegar na mulher no primeiro encontro e, quase que mecanicamente, cometo a besteira de falar em demônios, fadas e vermutes e me arrependo logo em seguida. Via de regra isso é muito ruim, uma vez que a mulher (digamos: Júlia, neste caso ela e os dois seios alegres) está encantada e às vezes em pleno vôo... Nestas horas, cuspo a farofa, tenho uns achaques epiléticos e peço desculpas, esqueço completamente do que se trata. "Do que eu falava, Júlia?"

"De amor", ela me corrige. Que mulher maravilhosa, esta Júlia. Ainda tem senso de humor.

Bêbada com uma só caipirinha de abacaxi e dizendo coisas para mim do tipo: "Vim de Belo Horizonte, tenho dois seios alegres, uma gata chamada Sofia e duas tartarugas no aquário, Cida e Érika."

Iríamos nos encontrar na feira da rua Mourato Coelho e fizemos juras de pastéis de queijo e palmito. Júlia exigiu caldo de cana e eu já via sua placenta estourando, um homem calvo e grave afastando os curiosos e estabelecendo os procedimentos do parto... Atrás da barraca de frutas eu me escondia e procurava saber do japonês imediatamente amparado por um estrado de caquis e mexericas, das notícias, como é que andavam as coisas. Tudo bem, ele me dizia: "Tudo bem, mas você tem que dar um palpite. Não é para isso que recebe o salário no final do mês?"

Sim, é claro. A menina, nossa filha, vai se chamar Marisa, em homenagem à Marisa que não me quis e, logo que pudermos, eu e Júlia vamos tirar umas férias em Ilha Bela... Se ela tem ciúmes?

Claro que sim, meu caro japa. Júlia é ciumenta e quer saber quem é esta tal de Marisa que não me quis. Mas isso eu não revelo. O que posso fazer é dar meus palpites. Vamos lá, aos palpites!

A máscara do PT caiu. Agora, o que mais choca não são os escândalos políticos, nem os juros que o Brasil paga para o FMI ou a rasteira que em breve o governo intentará contra o direito dos trabalhadores... corruptos e corrupção à parte, a miséria humana não é uma invenção do Zé Dirceu, nem a traição generalizada e a subserviência... A tal podreira estamos acostumados e somos mesmo um povinho carnavalesco de merda que merece bater bumbo até o dia do juízo final. O que mais choca é o fato de o presidente corresponder exatamente às expectativas criadas. O que um peão, corintiano declarado e pagodeiro, poderia fazer diferente? A última foi pedir ao Duda Mendonça uma pesquisa de opinião sobre o dano causado à sua imagem por conta do caso Waldomiro Diniz. Se você, leitor, em vez de correspondência quiser ler cronista preconceituoso, continue votando nos políticos do PT, o problema aparentemente é seu e a situação tende somente a piorar. Azar de quem acreditou nisso. Além dos salões de beleza e das manicures incorporadas ao poder, temos que conviver com a arrogância de quem subiu na vida e cumpriu seu objetivo: que era subir na vida. Só isso. Nem vou falar das metáforas do ilustríssimo senhor presidente da República, Luis Inácio Lula da Silva, tenho vergonha.

Quer ouvir mais, japa?

Bem, prefiro acreditar que Júlia está apaixonada por mim e que a correspondência é verossímil, pelo menos da minha parte (da parte da ficção não ponho minha mão no fogo). O resto a gente reinventa, faz um filho e enterra. É isso aí. Um beijo, Júlia.

O herói devolvido

Fiquei envergonhado. Foi na reestréia do meu *Herói devolvido*, um livro de contos que publiquei no ano 2000 e que o Mário Bortolotto adaptou para o teatro.

Assisti a quase todas apresentações. Um pouco por vaidade e outro tanto porque *Segunda-feira ao sol* ainda não havia entrado em cartaz em São Paulo. Entendi, ao longo das dezenas de espetáculos (até em Londrina eu fui...) que a razão de tal assiduidade ficava por conta, principalmente, dos amigos que fiz no Cemitério do Mário. Para mim, o melhor teatro e o conhaque mais vagabundo acontecem necessariamente antes e depois das peças. Mas ontem foi diferente.

O que me pegou foi o meu texto. Por isso, resolvi escrever esta crônica. Quero entender o que aconteceu. O mais esquisito foi constatar que perdi a liberdade que tinha para escrever naquela época... me deu uma saudade danada do narrador-personagem que inventei, entre tantos desacordos comigo mesmo, para proclamar a paixão que eu tinha... ora, por mim mesmo! Saudades — e desconfiança — porque o *Herói*... não existia e eu tinha lá minhas dúvidas quanto à gravidade da coisa. Ou melhor: não sabia onde a paixão exacerbada por meu próprio gênio me levaria, na verdade não tava nem aí. Eu era um cara livre, desatinado e destrutivo. Isso me dá saudades... tantas, tantas saudades. Saudades do Pepê, o jardineiro mongolóide assustadoramente parecido com o personagem encarnado pelo ator Paulinho Faria... e se a saudade não doesse em mim de forma tão atabalhoada, eu diria que esta aproximação, além de evidentemente constrangedora, chega a ser quase tesuda. Na dúvida o benefício é da confusão.

À época, resolvi apostar em carteados lunares, na demência e num sexo agônico e terno que se projetava no vulto de um vizinho aleijado todo final de tarde ao cair do sol... lembro, também, que eu havia descartado de antemão a transcendência e os orgasmos. O meu negócio — disto eu suspeitava vagamente — eram os entraves e o priapismo espiritual. Acontece que eu não sabia desta aposta.

Em 1997, quando comecei a escrever o livro, eu ainda não sabia que a aposta era tão alta e, pior, não sabia que o meu gênio e a paixão doentia que nutríamos um pelo outro me levariam até o desconcerto de ter que me haver comigo — e com ele — em um espaço de tempo tão curto: cinco anos desde o término do livro até ontem à noite na reestréia da peça, no teatro Alfredo Mesquita. O curioso é que eu poderia ter tido o mesmo impacto ao longo das temporadas anteriores (que já guardavam uma boa distância daqueles meus dias sórdidos e encantados...) mas foi ontem à noite que enrubesci e que entendi que o livro, a peça e os personagens existiam para valer, apesar de mim e dos lugares excêntricos que eventualmente eu possa vir a recorrer para explicá-los. De um lado, isso é muito bom. Uma vez que prova que sou um escritor capaz de deslocar situações, o tempo e o espaço e, de outro, é terrível porque me descolei para sempre de mim mesmo... sem exagero, posso dizer que perdi minha alma e voltei a comer pipoca na platéia, como se os peitinhos da atriz Odara Carvalho e aquilo tudo não tivessem nada a ver comigo, como se a aposta tivesse sido feita por outro cara muito mais corajoso e diferente de mim hoje, aqui, desconcertado e morrendo de vergonha — agora entendo: vergonha não daquilo que escrevi e publiquei, mas daquilo em que me transformei. Um sujeito desencantado, cheio de falsos pudores, enrubescido e sucesso de crítica e público (com exceção de uns manés aí que me odeiam. Azar o deles).

Outra coisa. Depois da peça, me perguntaram se eu estava blefando ou se, de algum modo, ainda conseguiria, depois de todas aquelas aberrações no palco, "ensejar (na minha vida e obra) um pingo de realidade". A pergunta me pegou no contrapé. E, na hora, não soube o que responder. Mas, agora, posso dizer que é um pouco a mistura das duas coisas, que a realidade, ao contrário da histeria quinzenal do Bernardo Carvalho na *Folha de*

S. Paulo, não é madrasta para quem tem talento e não tem pudores em manipulá-la como se fosse ficção (isso não quer dizer reproduzi-la cruamente e trazê-la da periferia em forma de rap). De nada adianta um escritor requentar espelhos, duplicá-los e enfeitar-se com o próprio cérebro, se ele, também, não for um ilusionista e uma fraude, a fantasia de si mesmo. Jorge Luis Borges, no seu belo "O elogio da sombra", agradece a seus admiradores pelas analogias improváveis e pelos poderes sobrenaturais que à época lhe eram atribuídos; poderes que ele, aliás, como escritor, manipulava com maestria e deboche a partir da realidade, do brilho das facas. Um amigo meu, o Nilo, uma vez me disse que os Pampas e o brilho das facas salvaram Borges dos labirintos da erudição (leia-se: o salvaram de ser um xarope do tipo Haroldo de Campos). Concordo. Se não tem razão, ao menos tem uma bela tese. Mas voltemos ao teatro Alfredo Mesquita.

Eu estava lá na reestréia. Morrendo de vergonha, porém muito bem acompanhado das belas Marisa Vianna, Adriana Duval (que fez a psicanalista reichiana e tem um par de tetas suculento) e da Marina Azalin que, além de ser a cara da Wilma Flinstone, também é atriz e secretária do Cemitério de Automóveis; confesso que desde o princípio tive uma queda por Marisa e que, ontem mesmo, logo que cheguei em casa, a homenageei como se tivesse voltado aos bons tempos do *Herói devolvido*, quando escrevia contos apaixonados e idealizava maluquetes e babies destoadas daquilo que, hoje, descobri, nunca foi minha realidade de fato, mas um jogo de iridescência e sobressaltos ao qual eu havia me entregado sem pedir descontos para o eterno ou quimera equivalente. Quem ama — costumo dizer isso pra Sandra (minha editora preferida) — não pechincha, obrigado Marisa. O herói do livro e da peça lhe agradece: você, de certa forma, o devolveu à realidade. Ou à ficção, tanto faz.

Isso foi o que mais me assustou.

As pelancas da MTV

Antes de qualquer coisa, gostaria de agradecer a todas as pessoas que me xingaram nas ruas por conta da crônica da semana passada. O Sucesso — como diz o doutor Shinyashiki — "é ser Feliz". Ou vender os livros que ele vende pros trouxas.

E, como o bate-boca está apenas começando, quero usar como epígrafe deste barraco a questão levantada pelo autor de *Adorável criatura Frankenstein*, Ademir Assunção: "O que se pode esperar de uma época em que pastores evangélicos, peruinhas siliconadas e pagodeiros xaropes se tornam 'grandes comunicadores', ocupando o espaço da circulação de idéias?" Nada, Ademir. Absolutamente nada.

Mas vou lhe dizer um treco, meu caro.

Às vezes uso camisinha e, a contragosto, me protejo de algo que não subscrevo. Vale o quê, em troca deste algo — minha vida? O controle remoto da televisão? — Ive e Bebel (minhas lésbicas plantonistas) amam-se e, às vezes, até me amam aqui mesmo no sofá, defronte a tevê. Ou melhor: MTV.

Outro dia quase broxei por causa disso. Não bastasse todo o circuito udigrudi paulistano, desde *A louca* até o *Stup Fantastic*, tenho que assistir à MTV para manter Ive e Bebel em cima do sofá, as duas estão no cio.

Não acreditei no que vi. Parece que, entre o *Namoro na tevê* e outras bugigangas requentadas, os executivos da MTV resolveram também apostar em *Bandas de garagem*. A impressão que eu tenho é a de que "o negócio" tem mais a ver com Pomada Minâncora do que com rock and roll. O apelo é o mesmo: a pomada e as bandas funcionam desde os tempos da vovó. E daí? Eu não tenho nenhuma nostalgia das minhas espinhas. Também não tenho nenhuma vontade de consumir *Bandas de garagem* ou usar a mesma pomada que a avó do Edgard (o tal VeJota) usava na mãe do Edgard e que o Edgard, garoto rebelde, vai usar nas garagens dele, nem aqui na Vila Sônia, nem na Liverpool de 1958.

Quero mais é enfiar umas bracholas no rabo da vovó, ser punk até o fim, diferente do João Gordo que é o punk que nasceu para vender chicabon da televisão. Tá certo que o gordo desempenha muito bem o papel de punk e que, às vezes, digamos, "acerta no alvo". Acerta, é bom dizer, não porque um dia foi punk, mas sim porque é o Joãozinho Fofo, cozinheiro e maridão. Somente nesta condição fofa ele pôde detonar o padre Marcelo: o gordo é amigo dos entrevistados e solícito aos palavrões.

Tá longe, muito longe de ser um rato de porão. Virou Mickey Mouse.

Pior que o gordo, só mesmo um retardado que cataram de VeJota porque é parecido com o Caetano Veloso. Tudo uma fraude. E ninguém melhor para incorporar esta fraude do que a sexóloga Penélope. A garota manipula consolos com desenvoltura e raciocina na velocidade de um videoclipe ginecológico... tudo uma fraude. Na verdade, Penélope é o caso clássico da ex-mulher empacada que quis vencer a feiúra com atitudes... pode até ter enganado uns trouxas, mas não me convence nem a seu estrabismo, além disso, é lerda e burra. Um bagulhão que quer ser (ou virou, vai saber?) a gostosona do pedaço. A patricinha que faz tipo de punk. A chata que quer ser tudo mas não é coisa nenhuma debaixo da arcada dentária proeminente e um monte de tatuagens. Pensando bem, está no lugar certo. Se bobear, entra para a política e vira prefeita de São Paulo.

Vou lhe dizer mais uma coisa, Ademir. Com exceção do Linari e os La Carne, não tenho notícia de nada inteligente e que chute o pau da barraca ao mesmo tempo... Alguém aí precisa avisar "a galera" da MTV que o nome disso — talvez eles nunca tenham ouvido falar — é rock and roll. O que vejo lá são aquelas princezinhas e reizinhos tatuados e bem-sucedidos, a miscigenação canhestra, alegre e familiar, e os fantasmas da Madonna, para quê?

Isso, Ademir, sem falar nos apelos a esta ou aquela "causa bacana" e politicamente correta... Sem falar no inglês fascista e impecável pronunciado pelos VeJotas... Não por acaso, um doutorzinho obcecado por orgasmos e camisinhas começou a carreira na MTV. De tão obcecado e resolvido foi parar na Globo. Será que ninguém percebe o esbulho da tesão e a apropriação criminosa do que poderia ser novo e inteligente? Qual é a da MTV?

Será que ninguém notou a presença ostensiva de sertanejos?

Meu caro Ademir, estou perplexo. E temos outro ponto: muito embora os canais de televisão sejam concessões públicas, a orientação e o conteúdo da programação são de única e exclusiva responsabilidade dos donos das emissoras. Eles veiculam o que lhes der na telha. Ninguém, em última análise, tem a obrigação de ficar perplexo ou escandalizar-se com o que vê. O problema é que, numa televisão evangélica, por exemplo, o engodo é a razão de ser da programação. Os telemercadores exigem o dízimo na maior cara de pau, acreditam no dinheiro e vendem Jesus Cristo como se fosse... Jesus Cristo!

E na MTV? Qual é o exu que baixa por lá? Será o exu do jabá da Vanessa Camargo? Ou é o exuzinho sem-vergonha do Marcelo D2 disfarçado de rapper? Algo me faz lembrar do coronel Erasmo Dias. A diferença é que o coronel era mais verossímil na época dele. O que aparentemente salva a MTV são os caras do *Rockgol*, o Hermes & Renato e a Didi, o resto está podre e impecavelmente fora do lugar.

A gente — como bem disse Marião Bortolotto — "quer ver bandido na Seleção", salvar a Penélope (a outra, a charmosa) das garras do Tião Gavião. Mas não é fácil... E podem me processar, me chamar de tiozinho e recalcado, tenho o maior orgulho de ser o que sou e quero que se fodam. A partir de hoje, Ademir, não negocio MTV, orgasmos e camisinhas. Tem mais, vou me autocitar: "Algo está errado para que tipos como Fernanda Young, Galvão Bueno e a bispa Sônia Hernandez (que fim levou a bispa?) tenham orgasmos aos borbotões." É isso. Tirei este trecho do *Bangalô* (ed. 34). Uma obra-prima que publiquei no ano passado.

Só para terminar. O pessoal da MTV podia convidar a bispa Sônia para o próximo VMB. Uma dica de leitura: *Van Gogh, o suicida da sociedade*, que é um ensaio de Antonin Artaud traduzido por Ferreira Gullar (ed. José Olympio). Tirando as xaropices da idealização da loucura e dos estragos provocados pela união forçada deste "louco" com o gênio verdadeiro (tem muita gente que "faz arte" e enche o saco por conta disso) e, apesar da famigerada ex-orelha de Van Gogh, o livro é indiscutivelmente brilhante — sobretudo porque Artaud fala de Van Gogh para falar de si mesmo. Eu também, sempre que posso, recorro a este artifício, embora não dê tanta bandeira. Se eu fosse você, leitor, desligava a M-televisão e comprava imediatamente meus livros, os livros do Ademir Assunção e este *Suicida da sociedade*, do Artaud. Talvez o universo esteja, neste breve momento, conspirando contra o Paulo Coelho. Não vamos perder a oportunidade.

Faltou sangue

Não adianta estrebuchar com o filme de Gibson. Quem deu ao cineasta a liberdade de massacrar e descarnar o semideus foi a própria história inventada. Ou, como é que poderíamos, senão com subjetividade (e a contragosto, no meu caso), falar de um sujeito que anda sobre as águas, ressuscita os mortos, cura leprosos e, entre outras peripécias e malabarismos, é filho de uma mãe virgem?

A mesma história poderia ser contada sem os efeitos especiais. As passagens em que não há o abuso de um realismo mágico de quinta categoria são, a meu ver, as mais tocantes e, por si mesmas, bastariam para convencer qualquer um da história do filho de um carpinteiro com uma garota ingênua que, talvez por acaso (vai saber o que passa na cabeça de Deus...), veio a este mundo com a ingrata missão de salvar nossa pele.

O vacilo de Jesus na cruz, a passagem de Maria Madalena e a expulsão dos vendilhões do templo seriam (aposto nisso) mais do que suficientes — e sobretudo humanos — para dar crédito a este salvador que é paixão e tormenta pura. Descarto até as metáforas e as parábolas... E fecho, embora ressabiado, com a oração que ele, o Pai, nos ensinou. Se não é perfeita, ao menos temos a quem delegar nossas piores virtudes. Vamos lá:

1. "Pai nosso que estais no céu" — Isto independe dos efeitos especiais e não é necessariamente produto da fé. Acreditar num pai que está lá no céu ou em Mogi-Mirim, dá na mesma.
2. "Santificado seja o vosso nome" — Claro que sim! Vou santificar o nome de quem? Do Arnaldo Antunes? Nada mais razoável do que santificar o nome de quem está no Céu, acima de tudo até mesmo do Caetano Veloso e dos Tribalistas.
3. "Venha a nós o vosso reino" — este item me faz lembrar de esquilos, bambis saltitantes e dos disquinhos coloridos da Disney (em especial de *Mogli, o menino lobo*) e, também, de uma novela que passou e repassou na TV Globo já faz um bom tempo, chamada *A Viagem*. Na segunda versão, Christiane Torloni fazia a heroína irmã de um encosto interpretado por Guilherme Fontes. Deste Céu, é óbvio, dispenso os bambis, esquilos e o produtor de *Chatô, o rei do Brasil*. Fico com Christiane Torloni ontem, hoje no céu ou na terra, de qualquer jeito e em qualquer reino. Ou seja, se fosse para pedir

alguma coisa para vir a nós junto com a pizza, eu não vacilaria — nem que fosse crucificado por isso — em pedir por ela, La Torloni.

4. "Seja feita a vossa vontade" — Sempre! Porque nós, aqui embaixo, definitivamente, não sabemos votar... E o melhor é acreditar que foi o sujeito lá de cima que errou. Ou seja: uma vergonha a menos para quem acreditou no Lula.

5. "Assim na terra como no céu" — amém, amém.

6. "O pão nosso de cada dia nos dai hoje" — eu tiraria a fila dos restaurantes por quilo desse cardápio, o "por quilo" é invenção do diabo! Ainda assim, é bom saber que alguém — que não é o superávit fiscal — é o responsável pelo nosso pão diário que o diabo amassou, e pela fome também, é claro.

7. "Perdoai as nossas ofensas assim como perdoamos a quem nos tem ofendido" — Só mesmo a um Deus poderíamos pedir tanto. O problema é a contra-partida; eu, por exemplo, optei pelo esquecimento: que é a forma mais atroz de se perdoar. Às vezes funciona. Às vezes dói em dobro.

8. "Não nos deixeis cair em tentação, mas livrai-nos do mal" — Quer dizer que uma coisa, a tentação, só pode ser trocada por outra, o mal? E no caso de a gente ter desejado a Luma de Oliveira (antes de ela ter se separado do Eike)? Isto quer significar uma tentação ou um mal? E agora que ela se separou, qual o procedimento? Apelar para o Corpo de Bombeiros? Não seria o caso de excluir uma coisa da outra? Isto é,

ficaríamos só na tentação já que o mal (o Eike, no caso?) Luma mesmo tratou de abandonar? Ou ainda: não seria melhor ter as duas coisas juntas, a tentação e o mal, uma vez que não iríamos ter a Luma de Oliveira de jeito nenhum?

Taí. Na falta de Luma, minha contribuição teológica. Em nome do Pai, do Filho e do Espírito Santo, amém.

Quanto ao filme de Mel Gibson, além de desconsiderar a licença poética que foi responsabilizar os judeus pelo massacre e crucificação de Jesus, continuo a pensar que o grande vilão e responsável — até pela violência no cinema norte-americano — foi mesmo Pedro, que renegou o amigo por três vezes. Isso não se faz nem com expressa, abençoada e antecipada licença do brother. Deu no que deu: Jesus Cristo mal acompanhado e pessimamente representado aqui nesta terra de comedores de criancinhas, macumbeiros, evangélicos e de toda corja de mercadores que há tanto tempo se prevalecem da ignorância e da boa-fé alheia. O filme de Gibson só fez acrescentar uns efeitinhos especiais. Só isso. A meu ver faltou sangue, muito mais sangue. E verbo, principalmente verbo para machucar e abrir novamente as feridas que jamais irão cicatrizar.

O Aleph de boteco chique

Minha admiração por Danuza Leão começou quando ela, resenhando um livro de Fernando Bonassi, disse que ele não sabia escrever e não entendia nada de mulher. E se ela, Danuza, que conviveu com Antônio Maria, fez tal afirmação, afirmado e chancelado está.

A questão, aqui, não é discutir a qualidade literária nem a masculinidade de ninguém — mesmo porque, além de eu correr o risco de cometer uma dupla redundância, este negócio de "discutir qualidade e masculinidade" é coisa de viado mesmo. Da minha parte, quero incendiar o circo (o que não é pouco, diga-se de passagem). Não vou perder tempo com as enrolações do Bonassi. Ele mesmo optou — durante cinco longos anos — por um correio sentimental na *Revista da Folha* denominado "Macho". Daí os leitores podem tirar suas conclusões. O que me intriga é o fato de Danuza Leão ter se decepcionado com Zeca Pagodinho. A crônica de hoje trata, portanto, de questões muito mais relevantes... e de outras mumunhas afins. Vamos lá.

Zeca Pagodinho foi o malandro que, segundo Danuza, "trouxe de volta a alegria à música carioca, que cantou 'deixa a vida me levar' e fez todo mundo querer ser levado pela vida, igualzinho a ele".

Todo mundo menos eu e o Mário Bortolotto. Que deve lá ter suas razões para implicar com a musa de Antônio Maria, Nelson Motta e tantos outros. O que teria acontecido com Danuza?

Ou melhor: o que Zeca Pagodinho representa para Danuza Leão e para "todo o mundo que queria ser levado pela vida, igualzinho a ele"?

Seria Zeca Pagodinho "o malandro que aposentou a navalha e tem mulher e filho e coisa e tal"? Não, penso que não. E lamento dizer que há muito esse malandro faleceu ou só existe nas canções do Chico. Não entendo como é que Danuza e todos os cabeças de barquinho da geração dela, ainda, nos dias de hoje, fiam-se nesta espécie de malandro. Segundo estimativas da favela Pavão-Pavãozinho, o malandro de Danuza deixou de existir nos idos dos anos 30 do século passado.

Por que, meu Deus, por que Zeca Pagodinho tem que ser um Ismael Silva? Um Cartola? As rosas — já faz um bom tempo... — não estão interessadas em roubar o perfume de ninguém e, se exalam algum cheiro, é o cheiro da carne putrefata, de funk, pólvora e enxofre.

Não penso que sujou para o Zeca, de jeito nenhum. Inclusive a campanha da Brahma é muito mais simpática. Engabelação por engabelação — afinal esta é a função da publicidade (e não há genialidade alguma nisso) — sou mais a outra cerveja, a que desce redondo. Pensando bem, a campanha da Schin era mesmo uma aporrinhação com aquele treco de "experimenta, experimenta".

Outra coisa. Que conversa é esta de "malandro bacana, de boa cepa"? Acorda, Danuza! Você está no Rio de Janeiro, ano de 2004, Brasil. Qual a diferença de ser enganado e/ou consumir esta ou aquela marca de cerveja?

Por que um cachaceiro rematado (embora talentoso: não vou negar) como o Zeca Pagodinho tem "obrigações de conduta e compostura"? Quem foi que disse que o homem que recebe os amigos à sombra de uma jaqueira, no meio de porcos, galinhas e patos, além da simpatia e da boa música, tem a obrigação de dar exemplos?

Quem falou uma besteira dessas? A conscienciazinha bossa nova? Ou ainda: por que deram tanto crédito a Zeca Pagodinho? Seria ele uma espécie de Aleph de boteco chique? O ponto onde todas as sofisticações perdidas e as culpas do Leblon, desde os anos dourados até a propaganda da Brahma, encontravam-se com a indigência de Xerém e convergiam para lugar nenhum?

Seria Zeca Pagodinho o homem a quem Chico Buarque se fez mulher em suas músicas? Então Zeca é aquele que pacifica o peso das diferenças e faz sambinhas honestos?

Danuza pode até entender de escritores e homens, mas está completamente perdida dentro do país que inventaram para ela. Confiou nas pessoas erradas — isso ela mesmo admite, menos mal.

O Brasil está caindo aos pedaços e não vai ser malandro de boa cepa nem torneiro mecânico que vão dar jeito nisso aqui. Eu, particularmente, sou a favor da esculhambação e sugiro a volta triunfal de Itamar Franco como Rei do Brasil!

Alguém aí, por acaso e a propósito do descompasso supracitado, já ouviu o CD *Ganha-se pouco, mas é divertido*, de Cristina Buarque de Hollanda, irmã do Chico? Ela destrói o campista Wilson Batista. A inhaca é sintomática. Trata-se de uma soma de tudo o que apodreceu neste país. Uma combinação impossível do voluntarismo de uma aristocrata intelectual (cheia de culpa, tesão e sofisticação, diga-se de passagem) com o oposto periférico esbulhado, talentoso, original e varrido do mapa. Tudo num só CD. Ainda se fosse bossa nova... mas, nem isso, é música brasileira de primeira qualidade levada aos limites da inverossimilhança e que só podia acabar — como maldição ou uma luta de classes escondida debaixo do tapete — refletindo-se no esgarçamento da voz da intérprete Cristina e do sobrenome Buarque de Hollanda.

O caso é grave. A irmã do Chico tenta, mia e evidentemente destoa, enquanto, tanto o repertório impecável produzido por Hermínio Bello de Carvalho quanto os arranjos e o sete-cordas de Maurício Carrilho, digamos, agüentam aquilo tudo. Um disparate. A invenção deste lugar-Brasil que não existe mais ou o convívio do "autêntico samba de raiz" com a aristocracia estéril de Cristina chega a ser constrangedor, para não dizer que é uma mentira perdida no tempo e no espaço, todavia nada espectral, e que, hoje, reina absoluta, seja em políticas de governo, na adulteração da própria música ou até em Budapeste, refúgio literário do irmão Chico.

Suspeito que foi exatamente com essa argamassa que construíram os sonhos de Danuza Leão e os prédios da Zona Sul carioca que, agora, estão sendo engolidos pela Pavão-Pavãozinho e jazem cravados de bala e realidade. Acabou, Danuza. O barquinho, o azul e o mar, as bossas todas — o samba, no atacado e no varejo — naufragaram na própria poesia. Zeca Pagodinho apenas trocou de cerveja, sorte dele.

PS.: Durante toda a semana que passou, o *Jornal Nacional* lembrou dos dez anos da morte de Ayrton Senna. Na sexta-feira, mostrou os lugares onde o piloto ia descansar depois das corridas. Vi aviõezinhos, porta-retratos da Xuxa, os amigos Chitãozinho e Xororó e muitos brinquedinhos e miniaturas nas prateleiras do "grande brasileiro". Não vi um livro. Curioso, né? Será que o "grande brasileiro" preferia brincar de carrinhos a ler? Agora, o *Jornal Nacional* está devendo uma semana inteira de Tom Jobim, que também morreu em 1994. Vamos aguardar as prateleiras do Tom, depois eu faço uma comparação.

A vez dos ruminantes

A matéria sobre as patricinhas e a estréia do mano Primo na AOL eram pós-escritos das minhas "Notas da arrebentação", vigésima terceira crônica. Acontece que me animei e resolvi transformar o que era póstumo em carne viva. Talvez seja o espírito da Páscoa a se aproximar junto com Catarina, o furacão.

Hoje é sábado, dia 27 de março de 2004. Escrevo da praia da Armação da Piedade-SC, à espera da catástrofe — e de frente para o mar. Antes de chegar às minhas "Notas..." tentarei unir o útil da paisagem précatástrofe ao agradável de ter saído de São Paulo. De uma forma ou de outra, vão querer o meu couro. Fazer o quê? Esperar pela tempestade?

Bem, já que as previsões são as piores, começarei pelas patricinhas. Sinceramente, não sei o que é mais ululante: o dia-a-dia das garotas milionárias que se detonam e "não estão nem aí" ou os filmes de Walter Salles, o mauricinho lírico. Uma coisa — diz Murphy

— "puxa a outra". As patys, a meu ver, são mais eficientes em se tratando de aniquilar a si mesmas e à culpa de serem ricas. Penso que este "não estar nem aí" é sinônimo de culpa, sim. Uma culpa besta e urgente, com saldo bancário e facilmente liquidável, mas culpa. Quase irrelevante não fosse auto-sabotadora. No frigir dos ovos das galinhas de ouro até que elas, as galinhas, têm o seu charme decadente e são divertidas e corajosas. Mulheres. Se eu fosse uma (e não soubesse escrever), agiria exatamente como elas.

Quanto aos filmes do filho do banqueiro, tenho algumas birras. Em primeiro lugar, ele não consegue sequer reproduzir uma estética compatível com seu voluntarismo (bastaria ir às gôndolas do Carrefour e comprar uma... o diretor de *Amarelo manga* fez isso) e, depois, — não bastasse o lirismo "espaço cultural" — o cineasta perpetua o que há de mais paradoxalmente sórdido no comportamento ausente das patricinhas da AOL: desperta a piedade e a humanidade que "têm que existir" e coabitar tanto do lado dos subjugados e desvalidos como do lado deles, essas pobres criaturas líricas e milionárias. Marisa Orth caiu na armadilha. Se não fosse esta maldita boa consciência, Salles poderia ser um Fitzgerald e, no limite, prescindir (e tripudiar, como fez Gerald Thomas) até do talento de Fernanda Montenegro. O ululante não devia espantar ninguém, nem jamais provocar sentimentos de compaixão no lugar onde só é possível cultivar o tédio e o desprezo.

A mesma indulgência se repete em *Cidade de Deus*, o filminho de Fernando Meirelles; outro mauricinho lírico, conservador e bem-intencionado. Por isso sou a favor das patricinhas da AOL. O máximo que o vazio produzido por elas pode ensejar é a cumplicidade dos pares, uma eventual overdose e o sumiço delas da face da Terra. Sem nenhuma indicação para o Oscar.

Agora vamos ao mano Primo. Não havia nenhuma necessidade — a não ser por um oportunismo crasso e espírito de hiena — em se reproduzir os grunhidos manos aqui na AOL. O que aconteceu em Brasília com Lula e os executivos do hip-hop foi apenas um encontro de ruminantes. Mais nada. Uma besta falando para as outras. Tudo bem que eles estão no poder... mas as imbecilidades vindas do Palácio da Alvorada, creio, são mais do que suficientes para nos abastecer de alfafa e superávites primários. Uma "consciência mana", aqui na AOL, não passa de sensacionalismo tosco, pleonasmo. Será que já não basta ser assaltado por esses caras na rua, ter que engolir *A turma do gueto*, a cara feia e o rap monocórdio deles?

Será que não basta a garotada de classe média consumir as calças largas, o skate e o balbucio da grife dos manos?

Será que não basta a cooptação pela mídia? (em breve Mano Brown no *Fantástico*, aguardem). É pouco? Se esses manos tivessem o mínimo de "consciência ativa" repudiariam o show business, o assistencialismo e a publicidade criada pelos mauricinhos líricos. O problema é que eles não têm nada, além da cara feia, para mostrar. Intimidam pela falta de talento. Chamo isso de tomar de assalto, no grito.

Será que não basta a poesia do Arnaldo Antunes tatuada no corpo do Ferréz?

Tô de saco cheio de mentira e mediocridade. Agora, além disso tudo, vou ter que engolir a mania de ditar regras e um ajuntamento precário e desgraçado de palavras a fazer pose de dissidente? Por que tenho que aceitar? Por que tenho que chamar isso de linguagem e incorrer na mesma boa vontade que elegeu um ruminante para presidente do Brasil? Lula não é um cururu. O instrumento dele e do PT é a mentira, não é a metáfora. Cururu e ruminante sou eu que votei nele e fui enganado e que não posso mais aceitar e repetir o mesmo erro. Paz, mano? Eu prefiro ficar com Dostoiévski.

Os heróis da Fátima

Pronto, agora a Fátima Bernardes vai fazer aquela carinha de dona-de-casa resolvida e satisfeita toda vez que algum "herói" ganhar medalhinhas para o Brasil.

Fátima é a grande mãe que veste verde-e-amarelo, torce e vibra junto com um país inteiro pela sorte dos filhões e maridões. Ela os conhece e sabe que o mundo inteiro pode confiar neles: essa gente que tem samba no pé, é alegre e vibra, gente faceira e inzoneira... e trouxa, sobretudo, trouxa e retardada. Pelo seguinte: não é a Fátima que cozinha em casa e, depois do boa-noite cheio de dentes e orgulho, quem vai cuidar dos três filhos dela — é a babá, e quem vai dar um trato no maridão é — suponho que sim... deveria ser? — ela mesma. Querem mais?

Pois vou falar do Ayrton Senna para elencar algumas sórdidas coincidências. Vejam só. O reinado de Senna, o herói sem nenhum livro — e representante máximo do Brasil da Fátima e do Galvão Bueno —, aconteceu exatamente na década mais pobre da história da inteligência do Brasil. De 1985 até 95: começamos pela frustração das "Diretas Já"; em seguida o país pintou os bigodes, vestiu jaquetão e a inflação despirocou (nesta época eu tinha uma namorada chamada Marilu). Elegemos o caçador de marajás e a música sertaneja explodiu no rastilho dos escândalos e na breguice supositória de Collor de Mello.

Paulo Coelho publica seu *Alquimista* — época braba...

Itamar Franco assume o poder, traça umas atrizes-modelos bagaceiras e desanuvia o ar pesado (nunca me diverti tanto com um presidente tão pateta e descabido); a inteligência vai à nocaute, mas, pelo menos, o supremo magistrado topetudo garante o circo. Aí os barões da USP mudam-se para Brasília e o príncipe FHC é eleito, cita Caetano Veloso, derrota a inflação e arria definitivamente as calças para o FMI.

No ano anterior, 1994, Ayrton Senna se estatela nos muros da Tamburello. Morre e vira herói. Junto enterra os três títulos mundiais de Nelson Piquet — que é um sujeito que sabe das coisas e que cansou de falar em entrevistas para os rodas-vivas da vida que o Ayrton Senna do Nuno Cobra (preparador físico à época e hoje autor de um best seller de auto-ajuda) não era lá este grande herói e grande macho incansavelmente proclamado e festejado por Fátima "mãezona" Bernardes e seus cúmplices, o povo brasileiro e Galvão Bueno.

Então, eu me pergunto: qual o legado de Senna? Querem saber? Pois eu digo: o legado é a época mais medíocre da história da inteligência brasileira. E tem mais. Os desdobramentos estão por aí a nos fustigar: desde Adriane Galisteu, passando por Xuxa até chegar em Nuno Cobra, a terceira e mais emblemática viúva.

Pra mim, chega. Não tô mais a fim de dar colher de chá para essa canalhada. Tô de saco cheio dos heróis da Fátima Bernardes. Sinto nojo disso tudo.

Esse negócio de Olimpíada não é diferente. Um festival de gente comum pulando, urrando, correndo e nadando como se estivesse num berçário ou numa colação de grau ou num festival sadomasoquista de suor e pieguice. Por isso, também, não caso na Igreja.

Toda vez que toca a musiquinha do Senna tenho calafrios de vergonha. O pior é aquela *We are the champions*. Herói mesmo é quem engole todo este lixo e não abre a boca.

Quero mais é que uma bomba exploda no Parthenon e destrua a babaquice no berço da civilização. É uma sugestão, apenas. O *zeitgeist* — para a infelicidade do povinho "qualidade total" — mudou de lado: agora é terrorista. Sou apenas um homem do meu tempo. Que se dane. Que exploda. Que bom que os tempos são outros. Viva a Internet!

Notas da arrebentação I

Joãozinho, amigo meu e grande assador de churrascos (não sei se continua saindo do corpo...), me emprestou sua casa em Armação da Piedade-SC. Na praia, de onde escrevo esta crônica — depois do ciclone... — mais ou menos a uns vinte metros da arrebentação. Não vou dizer que a casa é de frente para o mar. Nem vou dizer que o lugar é um porto para os meus desassossegos e que ele, Joãozinho, além de assar uma paleta de ovelha como ninguém, também me presenteou com uma caixa de ambevs na geladeira; isto, de certo modo, poderia parecer um gracejo besta em reafirmar o óbvio, um recurso babão e exíguo em se tratando de um cronista da minha estirpe. O melhor é chamá-lo de baixinho.

Nos conhecemos num congresso reichiano. Ele estava lá de psicólogo e eu fui vender meus livros. Aqui vai a transcrição do nosso primeiro diálogo:

— E aí, chefia. Quem escreveu os livros?

O meu caso era de vida ou morte. Ou eu vendia aqueles livros... ou pedia mais dinheiro para minha mãe. Aí eu lhe disse que eram "meus livros" e que, o grande autor em questão, era "eu mesmo". E que, portanto, diante das evidências, o melhor era ele comprar os livros para que eu pudesse "picar a mula" o mais rápido possível daquele "Congresso de Orgasmos".

Antes disso, vi-o enlaçado com uma loirinha muito gostosa. Mas era "só arreto", conforme ele me esclareceu em seguida.

— Nessas jornadas só tem arreto, mais nada.

— Jornada? Mas não é um congresso, baixinho?

Foi quando descobri que se faz de tudo com os tais orgasmos: jornadas, palestras, seminários, congressos e, às vezes — o baixinho me garantiu —, sai até suruba entre as psicólogas.

— Só entre elas? — perguntei.

Quase sempre. A praxe é o arreto mesmo. Que é o encontro "do nada com coisa nenhuma a pretexto de orgasmos".

— Ah, sei. Tô começando a entender, baixinho. Quer dizer que o que falta a essa mulherada é tanque?

— São donas-de-casa em fuga... todas histéricas — retrucou o baixinho em tom investigativo, levantando a sobrancelha.

— Sou contra! — arrematei, peremptório, para dar uma quebrada no "tom investigativo" do baixinho.

— Oôô, chefia?! Contra as mulheres?

— Contra os orgasmos, baixinho! Sou contra os orgasmos!

Neste dia, também, vi um cara saindo do banheiro com meu livro debaixo do braço. Amigo do baixinho, o Nilo (que vocês, leitores, já estão cansados de conhecer). Convenci os dois a abandonarem o congresso sobre orgasmos, e fomos encher a cara no boteco mais próximo. O resto, como dizem por aí (e tanto pangaré fala a mesma coisa sem nenhum motivo), é história.

Agora estou aqui. O baixinho me emprestou a casa de praia. Há uma semana. Ouço o mar, faço meu Nescafé e resolvi dispensar os passarinhos como se fossem o trânsito de São Paulo. Um dia — prometi pra mim mesmo — quero ser só ouvidos. Ouvir o que bem entender, tanto faz a qualidade do som. O que me interessa é me desligar de determinadas coisas para ouvir outras: escolher arbitrariamente entre o bem e o mal, o dia e a noite — nem que por conta disso eu vire um xarope. Não tô nem aí.

Há uma semana estou de frente para o mar... não faço nada diferente de esperar pelas catástrofes: que nunca me atingem do jeito que imagino. Não faço nada diferente de ir à praia. Já é outono, às vezes me dá saudades de mim mesmo... Também estou lendo um livro pessimamente traduzido, *O anjo azul*, de Heinrich Mann (Editora Paz e Terra). Dizem que a tradução da Estação Liberdade é bem melhor. Se for igual à prestação de contas deles, estou perdido e esquecido para sempre aqui nesta praia. Ontem à noite — terá sido apenas uma coincidência? — a ressaca trouxe um cavalo descarnado e o abandonou em frente ao molhe da Piedade, ao sabor das espumas. O meu palpite é que vai encalhar ou dar em seco tão logo eu me decida entre ficar isolado comigo mesmo ou ligar para o disk-gatas. Semana que vem (se a minha indiferença permitir) falo sobre estas duas formas de solidão e o programa do Ratinho. Até lá.

Notas da arrebentação II

Um cavalo descarnado trazido pela ressaca é um belo jeito de terminar uma crônica e começar outra. No meu caso, serviu de pretexto para falar do medo duplicado que eu tenho de ser esquecido aqui na praia da Armação da Piedade, à espera de ventanias, furacões e tempestades. Isto é: ou eu ligo para o disk-gatas, ou ligo para o Angel, meu primeiro editor.

Preciso de um acontecimento à guisa das catástrofes que nunca me satisfazem do jeito que imagino. Uma simples prestação de contas. Um boquete feito sem rancor e sem compromisso. Sei lá... Não é que as profissionais do sexo e meu primeiro editor não correspondam às minhas expectativas. O problema é que a correspondência das messalinas é sempre unilateral (uma contradição em si) e o Angel, meu editor, só corresponde quando dá na telha dele: a minha situação é que não muda. Eles são profissionais e eu apenas um escritor maldoso. Quanta coincidência, né?

Taí. O maior problema são as coincidências e os trocadilhos irresistíveis. De fato, a tradução de *O anjo azul* feita pelo Angel Bojadsen, que também é meu editor, é muito superior à versão da Paz e Terra. Mais autêntica até do que minha situação aqui neste lugar. Esquecido por todos os anjos e prostitutas azuis a reproduzir lugares-comuns e banalidades de frente para o mar, e ainda por cima encantado com a história do professor Raat, sórdido e lamentável herói de Heinrich Mann. Uma obra-prima do entrave e da pequenez escrita pelo irmão mais velho de Thomas, aquele do *Dr. Fausto*: outra obra-prima — consta — que não me atrevo a ler (nem a invocar) na melancólica condição em que me encontro. De frente para o mar...

Entendi que o escritor nunca deve se antecipar. Tudo — consta, idem, ibidem — tem o seu tempo. Um dia você é recusado pelas editoras (todas elas). Outro dia paga caro para que o publiquem e, depois, evidentemente (se você prestar para alguma coisa), é a sua vez e seu tempo de recusar e dar o troco. Simples. O prejuízo é generalizado.

Se não fosse o baixinho e os churrascos dele eu passaria a pão, água, miojo e Clodovil na antena parabólica.

A propósito do Clodovil. A prefeita de São Paulo está pegando no pé dele. Penso que é um desrespeito. Clodovil é um museu da viadagem romântica: devia ser tombado pelo Patrimônio Histórico Nacional e, logo em seguida, comido devidamente com todas as honras e purpurinas a que tem direito e merecimento. Deixem a bicha em paz! Somos, eu e Clodovil, a favor da tradição, da família e da propriedade.

Tenho sono. Todavia, durmo e acordo sem sobressaltos: o que deve ser alguma coisa diferente da depressão. O que me incomoda — para dizer a verdade — é a arquitetura das casas de praia ao redor. Essa gente branquela de Santa Catarina tem minhocas ocupando grande parte do cérebro e colunas de gesso no lugar do coração. Néons piscam para Netuno (o rei do mar e da breguice). Não obstante, as tragédias são azeitadas à la minuta, como antigamente — isso é muito bom. Aqui, a honra, a carne e as cunhadas são preservadas no freezer.

Por isso, penso que esta gente branquela e trabalhadeira devia ser responsabilizada criminalmente pelo mau gosto. O desgraçado do meu vizinho, por exemplo, liga a betoneira às sete horas da manhã e constrói uma espécie de promontório em estilo "termas de Caracala" — (ou seriam ruínas?) — bem aqui ao meu lado e de frente para o mar.

Vou reclamar para o baixinho. Anteontem à noite — como eu já disse — a ressaca trouxe um cavalo descarnado para a praia. Se o bicho vai encalhar ou não, dá na mesma. Disso tudo, acredito apenas no seguinte: meu tédio seria bem mais divertido se eu não estivesse em tão profunda, melancólica e expressiva companhia. A minha própria. O problema — é claro que sim: sou eu.

O que salva é a antena parabólica, os chiliques vespertinos do Clodovil e, no terceiro intervalo da novela das oito, o programa do Ratinho. Para mim, Ratinho é o maior comunicador e sociólogo de que este país de merda já teve notícia. Na próxima crônica — se eu não tiver sucumbido à betoneira do vizinho e se a ressaca conservar a carcaça do que sobrou do meu cultivado tédio — falarei sobre Carlos Massa, o Ratinho.

Outras Notas. Quero dizer que este cavalo descarnado trazido pela ressaca é uma referência direta à vaca que o Nilo achou na mesma praia e nas mesmíssimas condições; consta, aliás, da sua novela *A arte de atravessar fantasmas*.

Amanhã, na volta da praia, pretendo terminar o livro do Márcio Américo, *Meninos de kichute* (distribuído pela Atrito-Art Editorial). Desde já recomendo o livro e, em especial, o capítulo 7, "Como nossos pais". Márcio encerra e define todo o discurso político dos famigerados anos 70 (e a perda de tempo em torno de). Vejam só como ele nos apresenta "seu Luizinho" que, além de infernizar a criançada da rua Ivaí, "costumava ficar calado, não tinha opinião sobre nada" — a não ser, isso é genial a meu ver, sobre o esquadrão da morte que "tinha que acabar com todos os tarados". Opinião de seu Luizinho. Vale por toda uma *Ditadura envergonhada*, do Elio Gaspari. Até semana que vem.

Notas da arrebentação III

Terminei a crônica da semana passada dizendo que o Ratinho é o maior comunicador e "entendedor de povo" que esta merda de país já teve notícia. Agora vou explicar.

Em primeiro lugar, Ratinho lembra meus parentes açougueiros (fico enternecido com isso) e, depois, ele tem a ciência dos arrasta-pés lá do norte do Paraná, conta com uma equipe de humoristas (ou circo de horrores) de primeira qualidade e tem os preconceitos na medida certa. Algo que fica entre um autoritarismo bovino e lacrimejante e o escracho cúmplice, de igual para igual: alguém aí, por acaso, já levou a diarista para um bate-coxa no bailão da Miltinha?

(Um beijo, Araci!)

Pois é disso que trata o programa do Ratinho: de uma casa-grande doce e escrota. Que diz "vai trabalhar, vaga-bundo!" e comunga da mesma senzala igualmente escrota e adquirida através de fio de bigode, terra batida e muito trabalho. Não sei até que ponto estes "preconceitos na medida certa" são qualidades do Ratinho, mas que identificam o sentimento de um povo carente, mal lambido, servil e, apesar de tudo, ambicioso e corrompido no que tem de melhor e de pior, ah!, isso não há como negar. Mesmo porque não há como negar que tanto a senzala foi cooptada pela casa-grande, como uma é o desvirtuamento patético da outra. Não há, digamos, um vice-versa ou uma mão dupla confiável. Não se trata, também, da redenção pela mistura como apregoava Darcy Ribeiro, mas de uma esculhambação atávica levada aos limites da convivência frouxa, despercebida.

Tem quem ame deste jeito. Têm aqueles que odeiam. E tem quem afague e quem apedreje como Augusto dos Anjos e o Ratinho.

Nem mesmo o Chacrinha, cujo marketing tropicalista lhe garantia verossimilhança, jamais chegou perto e/ou conseguiu inventar mentira mais próxima da realidade. Que nunca foi odara nem colorida. Neste aspecto, digo, repito e acrescento, Ratinho é o maior comunicador e entendedor de povo que este país mambembe já teve notícia. Senão por fineza, por merecimento e equivalência.

Um exemplo? Outra noite, Ratinho juntou Morris Albert, Benito di Paula, Wando e Vanusa (o xarope do Jair Rodrigues não conta!) no mesmo programa. Outro exemplo? Soube enriquecer diante das câmeras sem constrangimento. Só está faltando ele chamar Toni Lemos para cantar *My Way*. Fica dada a sugestão.

Mas onde eu estava? Ah, lembrei! Aqui: na casa de praia do baixinho. Eu tinha acabado de acordar e dizia que o meu problema era minha própria companhia... Havia também a ressaca e um cavalo descarnado trazido pela maré de anteontem à noite. Exatamente. Ontem à noite, ouvindo o barulho do mar, tomei algumas decisões.

A saber. Não quero nada comigo. Estou cansado. De duas, uma. Ou ainda este ano faço um filho em Antônia — preferia menina — ou desisto de tudo. Não estou mais a fim de me arrastar do nada para lugar nenhum. O tempo que dediquei a vida inteira a mim mesmo já passou. Não tenho mais nenhuma conta para acertar, já lavei todas as roupas sujas em público — meus carrascos apodreceram. O menino que olhava para baixo (e que era eu mesmo aos nove anos de idade) e que vislumbrava algo grandioso no futuro topou comigo. Acertamos as contas num romance negligenciado pela crítica chamado *O azul do filho morto*. Eu devia ter morrido depois deste livro. Mas nem isso consegui.

Escrevi *Bangalô*, outro livro genial (todavia menos importante que *O azul do filho morto*) e, se eu quiser, escrevo mais meia dúzia de livros geniais. Nenhum evidentemente chegará a ser tão pungente e importante quanto o *Azul*... ... mas sou escritor... e comigo — sempre me enganei a respeito disso — não tem frescura nem processo de criação, escrevo e boto pra fuder. Mas eu me enganei. Sobretudo porque desconsiderava a possibilidade de o meu saco estourar. Agora estourou, não sei dizer se é tarde demais.

Talvez seja. Hoje em dia, com franqueza, não vejo nenhum motivo para insistir neste arcaísmo que é escrever. A época em que vivemos não demanda nenhum piparote do meu gênio. Raduan Nassar fez o certo: foi criar galinhas. Ainda chego lá. Só me falta um pretexto — qualquer um — para ser feliz e me bandear de uma vez por todas para o mundo animal da Fátima Bernardes, das Olimpíadas e do Galvão Bueno. Quero vibrar com os mongolóides do *Big Brother* e ir de encontro à minha lenda pessoal, igualzinho o Paulo Coelho.

Que se dane! Azar de quem não entendeu e não soube aproveitar o que escrevi. E para aqueles que, apesar de tudo, ainda são meus leitores, quero agradecer e dizer muito obrigado e adeus. Hoje entrego as chaves da casa de praia para o baixinho. Semana que vem posso escrever outra crônica ou estar morto. Tanto faz.

Não dá para ser complacente

A complacência diante do que é rudimentar, do bom porque é popular e desde a origem é puro, heróico e, portanto, inquestionável, está arruinando a inteligência no Brasil. O jornalista Otávio Frias Filho tocou neste ponto ao falar do nosso presidente: puro, heróico e desde sempre beneficiado por esta "origem autêntica". Não sei quem inventou esta lógica. Mas foi deste jeito desgraçado e complacente que elegemos o presidente. E é assim que ele se mantém no poder — pelo que tem de medíocre e pequeno. Mas até quando?

O mais nefasto é que tal complacência ramificou-se em várias camadas e dita suas miudezas e anseios amparando-se, entre outros discursinhos, na lenga-lenga da igualdade, da pluralidade e da inserção. Qualquer meleca que junte alhos com bugalhos necessariamente servirá para promover "encontros, desencontros, alianças e desentendimentos". É exatamente neste balaio, em meio às múltiplas esferas da boa vontade, que a pedra aperta no meu sapato. Quando a literatura é incluída como se fosse apenas mais uma nota consoante. Vale dizer: como se, de repente, todos os desvãos e abismos inerentes à alma humana se despregassem de si mesmos e virassem meros agentes do senso comum e da pacificação coletiva. Isso é uma aberração.

Ou só pode acontecer àqueles que têm a alma do tamanho de um picolé de chuchu; e o pior, além de ser jogado na vala comunitária, eu, escritor, tenho que seguir a lógica complacente do picolé, que me diz para tirar neguinho da marginalidade e cumprir minha função social: produzir os mesmos chiliques do irmãozinho que joga capoeira, do irmãozinho que picha muros ou do irmãozinho que armou um dreadlock na carapinha. Afinal, tudo é cultura! O presidente Lula, não por acaso, é o representante máximo deste lixo complacente.

Não participo disso, me recuso.

Hermano Vianna é quem aplica esta "teoriazinha desencanada do caos" à sua própria conveniência. Além de sacerdote da complacência — aí é que mora o perigo — elabora políticas para o Ministério da Cultura. E dá-lhe encontros, palpites do Gil, cara feia do Mano Brown, desencontros, axés e sobrancelhas levantadas — eta paisinho cultural o nosso! Viva a complacência, viva tudo e viva o Chico Barrigudo... E viva o karaokê coreano e uma banda muito boa que mistura tecno, pop-rock dos anos 80 com uma pitada de hermafrodit-music; são estas as políticas culturais, reverberações e alianças de Hermano Viana, irmão do Herbert (só podiam ser irmãos).

O resultado é um esvaziamento sentimentalóide das idéias conjugado com a placidez bovina da aceitação. Daí que denominei "encontro de ruminantes" a reunião do presidente com os integrantes do movimento hip-hop. Eles evidentemente não me entenderam — mesmo porque o apelo à origem humilde, ao assistencialismo social e à santidade é bem mais conveniente neste caso. Quem é que poderia se voltar contra o próprio semelhante?

Eu só disse que não acredito na paz dos cemitérios. Que não sou nenhum bovino e que minha literatura não se presta ao senso comum. Só isso.

O preconceito — como bem apontou Frias Filho — muda de lado e usa a compaixão como arma mortífera: exatamente neste diapasão é que acontecem os desdobramentos mais sórdidos. Quero dizer o seguinte: vários Lulas, de diversos calibres, feitios e arrebites, foram e continuam sendo ungidos a pretexto da mesma "pureza autêntica". E por aí estão: salvando almas, me intimidando, batendo bumbos, vomitando regras no programa do Faustão, pichando muros, escrevendo livrinhos e fazendo filminhos para "mostrar a realidade". Em suma: enganando a si mesmos e à grande legião da classe média consumidora voraz de todo este lixo.

Às vezes acontece de a "pureza autêntica" vir diretamente dos berços de ouro — isto me deixa perplexo e revoltado — e descambar num mauricismo lírico e publicitário, obsceno e candidato quatro vezes ao Oscar. Neste momento a beneficência embaralha-se. E fica cada vez mais difícil saber quem é Walter Salles, quem é Mano Brown e qual é a do Luciano Huck; a única certeza é que todos cumprem suas funções sociais. João Paulo Diniz está lá para eventualmente garantir o patrocínio e comer as modelinhos. Alguns podem até enxergar uma luz no fim do túnel diante de toda esta interatividade. Eu sinto nojo disso tudo. Só isso.

E tem mais uma coisa: infelizmente, ao contrário de Lula, o lirismo e a complacência canalhas não podem ser removidos pelo voto. Cria-se, assim, um *apartheid* que vige acima do talento e do debate das idéias. Até mesmo a liberdade de expressão e a manifestação do contraditório são esvaziadas em virtude desta aura santificada, intimidatória, inclusiva e periférica.

Enfim, chegamos à periferia. E é exatamente o orgulho deste sentimento periférico que se presta ao exercício da intolerância e da intimidação. Seria interessante, aqui, cotejar o sentimento dos arrabaldes com o estudo do historiador Frederico Pernambucano de Mello. O espaço é curto... mas eu posso dizer (quem diz, aliás, é o autor de *Guerreiros do sol: o banditismo no Nordeste do Brasil*) que o cangaceiro Lampião valia-se do instrumento da vingança (que era moeda corrente à época: de valor moral) para exercer a bandidagem. Daí para o *Capão Pecado* do Ferréz é um pulo.

Acontece a mesma coisa hoje em dia. Só que em proporções superdimensionadas pela complacência. Temos outras faces e/ou denominações politicamente corretas da mesma moeda cangaceira para autorizar, além da vingança moral, a falta de talento e a bandidagem; tudo num mesmo saco étnico, multicolorido e bem-intencionado. Onde individualidades promissoras são sacrificadas e arrastadas em nome da pluralidade... e da arte!

Vejam só: como se a arte fosse capaz de integrar e apaziguar. Dostoiévski, a meu ver, nunca foi tão premente e indispensável como nos dias de hoje.

Têm uns manos aí que não entenderam bulhufas do que escrevo e que precisavam ser domesticados para o fogo e não pelo fogo. Parece que o Faustão antecipou-se. Uma pena.

Por isso não posso calar a boca. Não vou calar a boca nem quero. O que necessito, agora como nunca, é do confronto. E, já que não posso contar com meus amigos (com exceção do Lísias e do Nilo), conto com o amor deles: vai ser minha arma contra a imprudência de estar sozinho comigo mesmo. Claro que tenho medo. O medo deles também se justifica — mas o dia em que eu não puder passar dos limites (inclusive dos limites da amizade e do amor) e tiver que calar a boca, neste dia vou fazer poesia. Talvez até faça um rap e salve alguma alma ingênua do fogo do inferno.

O inferno não é pra qualquer um. Assim como a ponte João Dias não é mais importante que a constituição e não deve — sob o manto nefasto da "pureza de origem" — estabelecer a divisão entre dois mundos. Não aceito isso.

Também não vou ser desonesto e falar que Lula e Mano Brown são a mesma pessoa. Mas a manipulação, a chantagem e o jogo porco da inversão de preconceitos estendem-se da periferia, invadem o campo e encerram-se — não há como negar — no Palácio da Alvorada. O poder nunca foi tão esquizofrênico, auto-indulgente e esvaziado. Não dá pra ter compaixão.

De todos esses males, Lula é o menor.

Vai ser removido. Seja pelo voto ou por um impeachment. Não há, enfim, perspectiva de mudança onde falta grandeza (paradoxalmente podemos usar este mesmo raciocínio para Fidel Castro e Marco Aurélio Garcia, assessor de Lula para assuntos internacionais, que faz questão de ignorar a ditadura cubana e a prisão de 75 dissidentes políticos e jornalistas condenados a até 28 anos de prisão). De qualquer jeito, se eu fosse o presidente Lula, renunciava. Ou me suicidava. Quanto antes melhor. Antes que seja tarde demais e esta omissão diante da inteligência nos leve a todos a um buraco sem fim.

Não dá, entre tantas mentiras, para cortejar o social e ao mesmo tempo vergar-se para os crupiês do FMI. Da mesma forma não dá para conciliar o Bronx com Paraisópolis, vestir um boné para Deus e outro para o diabo. Não é assim, infelizmente, seguindo o manual do picolé de chuchu, que se fundamenta a identidade de um país. Não é tão fácil, não se improvisa uma nação na base do grito, da indulgência e da cerveja gelada. Até para administrar um cirquinho de bufê infantil é preciso tratar as crianças como adultos. Não dá pra ser complacente: de jeito nenhum. Sobretudo não dá pra ser complacente com os palhaços — estes são os mais perigosos.

Meninos de kichute

•

Ontem, roubei o cartão telefônico de uma velhinha. Ela tinha recém-estreado o cartão: 37 unidades. Pela primeira vez na vida, fiz questão de não ser gentil. Sempre devolvo o cartão. Ajudo no que posso, digo "por favor", "muito obrigado" e dou esmolas. Uma vez cheguei a desvestir um pulôver para vestir um mendigo que estrebuchava de frio na esquina da rua Teodoro Sampaio com a Fradique Coutinho. Verdade! Apesar da minha implicância com a espécie humana e dos meus preciosos preconceitos (não seria nada sem eles) que despejo toda semana aqui na AOL, sou um cara legal, simpático e risonho. Marisete diz que sou bem-dotado. Um cavalheiro. Que abre a porta, dá a vez para as mulheres e ouve o que elas têm a dizer. Às vezes, ouço duas ao mesmo tempo. E elas (sempre...) têm muito a dizer...

As meninas do disk-gatas me adoram.

Mas ontem foi diferente. Roubei o cartão da velhinha para homenagear Márcio Américo, o garoto de kichute da Vila Nova, que é (era ou devia ser) um loteamento fuleiro nos arrabaldes de Londrina nos idos dos anos 70.

Antes de qualquer coisa, quero dizer que debulhar milho, trabalhar de servente de pedreiro e morar longe não faz de ninguém escritor. Não é a experiência do lixo (ou da vida) e também não é o conhecimento de meia dúzia de regrinhas gramaticais e o eventual embaralhamento destas, e o uso de boinas e cavanhaques conjugado com a manipulação de coxia (incluo aí intrigas, fofocas, barzinhos da Vila Madalena e uma cafajestada aqui e acolá) que irão "revolver o caos" ou determinar a magnitude e a boa prosa de um autor.

Tampouco a intimidade, a aproximação e a chancela dos figurões de algibeira adiantarão alguma coisa se todos esses elementos encerrarem-se em si mesmos, apartados da literatura, que, afinal, é o que interessa.

Chega a ser constrangedor elencar o óbvio. A lista de redundâncias e malabarismos servidos à fraude é extensa. Já tratei em outras crônicas da complacência diante do rudimentar e da boa consciência a serviço de interatividades oportunistas. Quero acrescentar apenas uma coisinha. O seguinte: não faço diferença entre um servente de pedreiro, um poeta e um professor de português. Tanto faz se fulano verseja, enche lajes de concreto ou se ocupa de próclises, ênclises e mesóclises. Se ele não tiver o que dizer — um escritor de verdade sempre "tem o que dizer" — e se ele não for realmente imprescindível (até na indigência e na cafajestice), estará apenas erguendo muros. Fechando os horizontes dele e dos outros. Só isso. Entende, Bonassi?

Evidentemente não é o caso de Márcio Américo. A origem periférica do autor de *Meninos de kichute* serviu apenas como instrumento para a tripudiação fictícia (ou autobiográfica, tanto faz) dele, como autor, em relação ao objeto de uso. Ou seja: um cenário. Da mesma forma como a Riviera Francesa dos anos 20 serviu de cenário para Scott Fitzgerald. Vale sublinhar: cenário não é justificativa. É somente cenário, onde o autor — se tiver talento — vai saber contar suas histórias e convencer o leitor.

Márcio Américo convence por saber usar este cenário. Por acaso, ele fala de sua infância na rua Ivaí. Começo dos anos 70. Vila Nova, Londrina. Convence até pela falta de cuidado com o estilo: que não podia, neste caso especialmente, ir além do que a narrativa ensejava. Quase falta de estilo. Isso tudo, em suma, para dizer que, antes do livro, vem o autor.

Márcio Américo escreveu um livro comovente porque "tinha o que dizer". Entende, Bonassi?

O livro todo é um velório. E às vezes me fez lembrar dos meus velórios e de como é difícil reinventar nossos mortos para a vida dos outros, para a vida traiçoeira da literatura. Quando o autor fala de si mesmo. Sobretudo quando foi criança em 1972.

Ah, não é moleza ser defunto nestas circunstâncias. Nem sacrificando gatos e espancando bananeiras com toda a caridade e falta de ingenuidade características dos moleques da rua Ivaí. De jeito nenhum. Porque lá no velório, ao redor do caixão, chorando o cadáver do autor, estiveram (e estarão para toda a eternidade), entre outros íncubos, Pernalonga, o Gordo e o Magro e Tião Gavião querendo pôr suas garras imundas em cima de Penélope Charmosa.

A Mulher Gato e até o Médici carrancudo não agüentaram tamanha dor ao vê-lo morto, Márcio, lá no seu caixão de chocolate ao leite Pan, em busca de um tempo perdido em tecnicolor. O Homem Fluido se desfez para sempre e o doutor David Banner não vai descolar uma carona ao som de um piano triste, todas as portas se fecharam atrás do agente 86 e nem o Baretta vai dar um jeito neste túnel do tempo em que todo o lixo de uma época — não é pouco lixo, não — é o que lhe pertence; azar seu?

Tanto faz se você foi um menino de kichute que nunca teve um estojo com 36 lápis de cor ou se você foi um menino de adidas que brincava sozinho no seu autorama Fittipaldi. Tanto faz porque as contas jamais vão ser acertadas. Não porque o estilo não tenha dado conta do recado (isso é o que menos importa). Mas porque seu problema agora é inventar novos escombros... e remoê-los.

São esses escombros póstumos que doem mais, Márcio. O motivo é simples: eles só poderão ser arrancados do vazio. Ou do que sobrou de você mesmo. Quer saber? Ruínas, a esterilidade, uma vida comum jogada fora e as malditas palavras que servem — será que servem? — apenas para preencher esta inhaca desgraçada... que nada mais é do que a ilusão de que acertamos nossas contas... a ilusão de que nos tornamos algo diferente daqueles garotos de kichute (ou de adidas...) que um dia sonharam completar o álbum de figurinhas *Pátria amada*. Um sonho em vão, Márcio. Isso é que é mais bonito.

•

Caro Pinduca

•

Agora tenho uma pendenga (do interesse de todos, creio) a tratar com Ademir Assunção. Além de meu amigo e escritor dos bons, Ademir, ou Pinduca, continua refém dos manos do hip-hop. Não fisicamente como eu, que tive que dar uma sumida por conta de uns telefonemas sinistros que recebi. Mas espiritualmente (o que é pior), talvez por boa vontade e receio de não corresponder às imposições de sua confessada origem humilde. Ou talvez por ter percebido que não dá, ainda que com dignidade e respeito, para acender uma vela para um Deus mequetrefe e outra para um diabão porreta e bem informado. Creio, aliás, que é impossível optar entre um e outro. O verdadeiro artista vai saber desprezar este meio-de-campo e usá-lo à sua própria conveniência.

A despeito da tomada de posição do Pinduca, o admiro e o tenho como um dos meus melhores amigos. A mesma coisa vale para o Anselmo (meu querido Bactéria). Ademais, Pinduca é um cara importante para mim.

Foi ele quem primeiro publicou Nilo Oliveira. Se não fosse o Pinduca, e o fato de ele ter me alertado para os perigos da piscina do Sesc, eu teria sucumbido a uma micose de unha devastadora. Se não fosse o Pinduca, eu não teria conhecido o grande Rodrigo Garcia Lopes e Telma, a mulher elegante e triste que resolveu ignorar meu amor. Gosto dele, de verdade. Isso sem falar que é muito bom chamá-lo de Pinduca.

Semana retrasada, Ademir implicou com minha crônica e fez um desabafo público que mais me pareceu uma satisfação para os manos do hip-hop do que algo que pudesse comprometer os argumentos que me fizeram escrevê-la. Penso que agora é de interesse dos leitores ficar a par de nossas diferenças. Assim, também aproveito para dar uma resposta a todos os cricris metidos a humanistas e aos covardes que deixaram gravações intimidatórias gravadas em minha secretária eletrônica.

Ademir, ou Pinduca para os amigos, no seu desabafo, reproduziu uma entrevista que concedeu ao poeta Fabiano Calixto, onde diz que: "diante da estupidez e da manipulação da mídia, eles (os rappers) mostraram o outro lado, a outra versão dos fatos". Será que o Pinduca viu MV Bill sendo domesticado pelo Faustão? E da confraternização de Mano Brown com Luciano Huck e João Paulo Diniz, será que tomou conhecimento?

Pinduca me desautorizou a usar o termo apartheid. Quero dizer que o apartheid a que me referi é aquele que liga para minha casa e diz, entre outras ruminâncias, que eu "passei dos limites". Pinduca aconselhou-me a sumir e calar a boca e nunca mais falar em apartheid.

Resolvi pôr o pé na estrada. Mas calar a boca, não. Jamais!

Também não é do meu interesse reproduzir a linguagem ou apartheid dos manos, bem como me recuso a falar como o "filho da burguesia" que o Pinduca julga que sou. Ao contrário, quem me acompanha e acompanha meus livros, sabe que só faço corromper este discurso. Ser filho de motorista de caminhão e lavadeira — já disse isso, mas terei que repetir mil vezes! — não faz de ninguém escritor ou artista. Se o Pinduca escreve o que escreve, creio, não é por causa de sua origem humilde. Nenhum alienado, milionário (ou mendigo) ou visionário que seja, construiu a obra por conta da loucura, do dinheiro (ou da falta de) ou das alucinações que teve. Mas apesar disso tudo!

Aqui vai uma citaçãozinha a respeito: "Não tenha nenhuma piedade dos que têm piedade de si próprios. Eles nunca desmoronarão totalmente" (E.M. Cioran).

Otávio Frias Filho não tem culpa de, além de ser um cara inteligente e "filho da burguesia", também ter liberdade para escrever e publicar o que quer que seja. O jornal é dele. Quanto ao espaço reservado para os picaretas nos meios de comunicação, do qual Pinduca reclama com tamanha sofreguidão, os manos e a periferia não podem se queixar da falta de. Inclusive foi um destes "espaços" exagerados e muito mal aproveitados pelo mano Ferréz (uma página inteira na *Folha*) que provocou todo este bate-boca.

Na entrevista, o "escritor e rapper" disse que havia tatuado um poema de Arnaldo Antunes no corpo, e que o referido poema havia mudado a vida dele. Pois bem, o sujeito "escritor e rapper" vai à *Folha de S. Paulo*, diz uma asneira desse calibre e depois não quer levar pau? Eu não tenho condescendência com sentimentalismo barato e exibicionismo. Literatura é arena para gigantes: não é lugar de mané, politiqueiro e santinho.

Se o Pinduca acredita que esse tipo de postura é que vai mudar a relação de forças entre o capital e o trabalho ou vai dar origem a algum tipo de revolução social, o problema é dele. Eu não participo disso, foi o que escrevi na minha crônica. Não sou obrigado a festejar Ferréz nem Luciano Huck somente porque os jardins e a periferia resolveram se juntar para fazer mutirões pela paz. Isso é uma bobagem.

Outra coisa. Eu disse na minha crônica que o dia em que tiver que calar a boca, faço poesia. Pinduca retrucou dizendo que "poesia é algo muito difícil", especialmente para o "nível de exigência" dele. Penso que não vale a pena discutir níveis de exigência para escrever prosa ou poesia. Isso é argumento de quem não faz nem uma coisa nem outra. Típico blablabá de executivo de letras. Nelson de Oliveira adoraria o tema. Para mim, Fidel Castro continua — a propósito do desabafo do Pinduca — sendo um ditador e assassino. Uma situação (ou exclusão) não justifica a outra. Citar Jorge Ben (Jor) também foi outra imprudência cometida pelo meu amigo Pinduca. Ultimamente, é bom lembrá-lo, quem pensa pelo Jorge Ben (Jor) são os numerólogos e o Washington Olivetto — este sim um sujeitinho de "temperamento sórdido", que conseguiu até ter seu nomezinho incluído nas letras do cardeal do samba-funk.

Não adianta dizer que os "malvados da história, mesquinhos e arrogantes" são os "filhos da burguesia e da aristocracia". Isso é uma inversão de preconceitos primária. Hoje, Lula materializa o que tem de pior nesta mão invertida. Joga dos dois lados e de lado nenhum. Não é aristocrata e não é peão. Pinduca também, não sei se por ingenuidade ou complacência, quer que Lula radicalize, mande o FMI à merda e comece de fato "a distribuir o bolo" deste país. Vai ficar querendo, lamento informá-lo.

Pinduca igualmente devia ter excluído Jonh Fante desta lenga-lenga. Tudo o que interessava a Fante era ganhar dinheiro, vestir-se bem e ser algo diferente do que ele era, um "Dago". Isto é, filho de imigrantes italianos, católico e sentimental. Caso contrário, não teria se metido a escrever roteiros de quinta categoria em Hollywood. Sou filho do mesmo "material" de Fante (descendo de calabreses e sicilianos, sou católico e sentimental), porém me recuso a ser complacente. Minha origem não me autoriza a ser necessariamente um escritor. Me recuso a engolir o mito Fante. O motivo é simples: sou melhor que ele. E escrevo apesar disso tudo. Sou realmente genial no que faço e não tenho medo das palavras. Nunca vou ser refém de qualquer origem. Muito menos refém dos manos do hip-hop. Jamais!

Só para terminar.

Uma coisa é ter o ímpeto do genocídio. Outra é entrar num cinema com uma metralhadora e realizar esse mister. Desejo não é crime. Se fosse, a literatura não existiria e Nabokov teria sido eletrocutado antes de pronunciar a terceira sílaba de Lolita. Os exemplos são infinitos. Infelizmente, tenho que recorrer a eles porque grande parte dos meus detratores (mauricinhos e manos) está acostumada com as rimas e a monocórdia e não tem sabido separar alhos de bugalhos. Aí tenho que dar coices mesmo.

Ninguém está livre de adorar a cara feia e o assistencialismo do Ferréz. Assim como ninguém está livre de abominar a figura de Carlinhos Brown. Nem o Chico Buarque (e sua sofisticação acima de qualquer suspeita) esteve livre de ter desejado — sub-reptciamente, na frente do espelho e num ímpeto nada cordial — outro cara menos mala para ser marido de sua filha, pai do seu neto. Quero dizer que *ser* é uma coisa. Exercer e pôr em prática é outra completamente diferente, e às vezes dá cadeia. O que eu faço é escrever sobre esses meandros e não dar colher de chá para a burrice. Entende, Pinduca?

Portanto, podem me acusar de racismo, sexismo, machismo, elitismo e punhetismo. Tomo como elogios. Também, segundo Marisete, sou pauzudo, tenho o hábito de dar esmolas e rezar o pai-nosso toda santa manhã. O que mais? Ah, sim. Adoro ser acusado de "gordinho e recalcado". Se eu fosse um cara resolvido, estaria escrevendo livros de ginástica e auto-ajuda. O maior crime, para mim, é apaniguar-se com a mediocridade e omitir-se diante da ruminância. Não importa se por assistencialismo, boa-fé ou santidade.

Se liga, Pinduca!

Marisa e Caetano

Marisa Orth acredita que Caetano Veloso é um gênio. Até meus 13 anos de idade, eu também acreditava que Caetano, Gil e toda a tropicália eram o máximo. Naquela época Carlinhos Brown não havia se incorporado à patota — vamos fazer esta ressalva. Pensava exatamente como Marisa. Cheguei a incluir Ronnie Von, Roberto Carlos e a Jovem Guarda no mesmo balaio. Todos geniais.

Eu tinha 13 anos e não conhecia a dimensão de Erasmo Carlos — este sim, hoje reafirmo e assino embaixo: um gênio de verdade. Um dia descobri o quartinho da empregada.

Me tranquei lá — para sair 12 anos depois, em 1992. Mudei de opinião e, desde então, me tornei este sujeitinho ácido e rancoroso que "não gosta de nada e de ninguém". Dos 25 até hoje, passaram-se outros 13 anos, fiz 38 no mês passado, dia 9 de maio, que este ano caiu no Dia das Mães.

Penso que é desnecessário dizer que no decorrer do tempo minha rabugice só fez aumentar. Junto com meu bom gosto e a certeza de que vou ser enterrado no Cemitério São João Batista...

Na época do quartinho, tive a oportunidade de ler alguns livrinhos bestas que nem vale a pena citar. Para que falar em Thomas Bernhard, Dostoiévski, Primo Levi, Celine, Tanizaki, Nelson Rodrigues, Henry Miller, Bukowski e Bataille, se temos Caetano Veloso?

Claro que sim, Caetano é um gênio. Lula é um estadista, padre Marcelo, um santo... Paulo Coelho escreve tão bem quanto Machado de Assis e os manos do hip-hop finalmente estão aí para provar que chegou a hora e a vez da periferia mostrar a "verdadeira verdade", não é assim? Pra que perder tempo com Pavese, Vitorini, Tchecov, Camus, Nabokov e Barthes, se temos Caetano Veloso?

Também temos Waltinho Salles, o mauricinho lírico que foi injustiçado em Cannes, e Ayrton Senna, que apavorava a mulherada no circuito de Fórmula 1. O Brasil, Marisa, é um país de prodígios do quilate de Neguinho da Beija-Flor e Joãosinho Trinta e o nosso carnaval — pode acreditar! — é o maior espetáculo da Terra... E daqui pra frente tudo vai ser diferente. Ou seja: Chico Buarque substituirá (aliás, se depender da babação em torno do seu *Budapeste*, já substituiu) Kafka e então não precisaremos mais do autor de *O processo*, que nunca — veja só — fez um sambinha na sua triste e burocrática vida. Para que Kafka, se temos Chico?

Um país que tem Carlinhos Brown não precisa nem saber quem foi Beethoven. Para quê? Além disso, temos Washington Olivetto para fazer o meio-de-campo e Caetano é um gênio.

Gisele Bündchen é o protótipo da mulher brasileira; linda, inteligente e ariana... Mas isso é um detalhe que ninguém vai reparar, feito a bunda da moça, que não existe.

Outro gênio inquestionável é o Arnaldo Antunes. O homem sabe namorar e beijar de língua... Sempre tem "projetos e não se cansa de pesquisar novas linguagens". Um gênio! Qual será sua próxima experiência?

Talvez uma releitura das *Galáxias* de Haroldo de Campos... A *performance* poderia acontecer numa rave animada por um DJ andrógino importado diretamente da Nova Zelândia que, além de se dependurar em ganchos, também faz poesia orgânica com cocô de elefante.

Erika Palomino cobrirá "o evento" e simultaneamente noticiará os babados mais quentes da parada gay... Que neste ano contará com a ilustre presença da prefeita de São Paulo, que apóia a causa e também acha que o Caetano Veloso é um gênio.

Pois é, Marisa. Um gênio, iluminado. Quem sou eu pra dizer que não? Que autoridade tenho eu, um sujeito bochechudo e fora de forma, mal-humorado e metido a escritor, para contrariá-la? Pega mal você me citar, sabia?

Sou um cara invejoso e agora vou dar minha opinião definitiva sobre a genialidade do Caetano Veloso: encheu o saco.

Imagina se eu digo que Caetano não passa de um caipira parodiando o Nirvana?

E os arranjos sofisticados, como é que ficam? Iam dizer que caipira sou eu. Que, além de recalcado, não sei rebolar nem sei fazer o queixo tremer nas vogais. Imagina, Marisa, se eu digo que o Gabriel não é um pensador? Ou se me atrevo a cogitar novamente no bafo de aviário e na sapiência da Rita Lee?... Quem sou eu, além de um sujeitinho que quer aparecer e estragar a festinha dos outros?

Não fica bem você me citar. Eu nunca mexi minha bunda gorda de lugar... Nunca fui à periferia para beber com os manos. Não sei de nada da vida. E agora, Marisa?

Escrevi uns livrinhos que ninguém conhece. Qualquer um que fizesse ¼ do que o Caetano fez já podia se dar por satisfeito, não é assim? Vou lhe dizer uma coisa: não troco toda a obra do Caetano Veloso por um parágrafo do Juliano Garcia Pessanha. Por um acaso, Marisa e vocês leitores que a esta altura estão querendo me matar, por um acaso, já ouviram falar do Juliano Garcia Pessanha?

E você, Marisa, que acha o Caetano um gênio e também é atriz, por um acaso foi ao teatro ver uma peça do Mário Bortolotto chamada *Homens, santos e desertores*?

Já ouviu falar da editora Baleia? Antes de você reafirmar a genialidade do Caetano, vou lhe dar uma dica: *Pornografia pessoal de um ilusionista fracassado*, do Nilo Oliveira.

Acho que você nunca ouviu falar desta editora. Nem da Atrito-Art que publicou os *Meninos de kichute*, do Márcio Américo. Pelo menos não li nada a respeito na sua coluna. Que importância têm Bortolotto, Pessanha e uma editorazinha de quintal, diante da genialidade do Caetano? Não é assim? Que importância tem a poesia de Marcelo Montenegro diante do ritmo nazista e contagiante da Ivete Sangalo?

O Caetano, aliás, adora a Ivete que ama o Gil que é o pai da Preta que também acha o Caetano um gênio e a Sandy uma grande intérprete e cantora — foi o Caetano quem disse que a Sandy era genial, e tremeu o queixo ao proferir a sentença. Quem é que pode dizer que não?

Outra coisa, Marisa. Pergunte a Márcia Denser o que ela acha do Caetano. Alguém aí conhece Márcia Denser?

Ah, Marisa. Quando você apareceu na *Playboy* fiz a devida homenagem... Também acompanho sua coluna na AOL. Gosto do seu jeito. Eu queria, sinceramente, poder voltar aos meus 13 anos de idade para concordar contigo. Mas não vai dar não. O problema começou quando entrei naquele maldito quartinho de empregada: inclusive, escrevi um livro a respeito, que foi sordidamente negligenciado pela crítica que acha Caetano Veloso um gênio e acredita em bichinhos que existem e bichinhos que não existem. Se você tiver curiosidade, leia. O título é *O azul do filho morto*, depois me diga — se ainda tiver coragem — que o Caetano Veloso é um gênio e que isso tudo não é uma grande mentira da qual nós não devíamos participar. Dá um beijo na Fernanda Young por mim.

Crônica para Antônia

•

Há várias gravidades na literatura de Primo Levi. A começar pela mais evidente — e menos importante, a meu ver — que é a denúncia do horror nos campos de concentração nazistas. A partir daí ou do esvaziamento e rebaixamento da espécie humana até os limites da ausência da razão, temos vários motivos para duvidar de bobagens do tipo cultivar um cavanhaque, ir ao supermercado e pagar as contas de água e luz em dia. Ou vários motivos para justificar tudo isso. As únicas coisas, creio, que não se justificam nem têm perdão — nem antes nem depois de *É isto um homem?* — são as filas dos restaurantes por quilo e a cegueira dos imbecis que trocaram o meu *Azul do filho morto* pelos bichinhos que existem e não existem do Nestrovski.

Para que crimes hediondos como esses não se repitam, em defesa do meu *Bangalô* e da razão em detrimento da barbárie, escrevo esta crônica. Escrevo também porque estou apaixonado...

É isto um homem? é um livro que serve à causa (ou à aventura infame) de habitarmos o mesmo planeta, e, se não justifica plenamente, ao menos explica a existência de um George Bush e de um Pavese e o fato de os dois pertencerem à mesma espécie e de, em suma, termos chegado junto com eles e com Joãosinho Trinta neste final de picada onde chegamos. Antes de ser um documento contra a barbárie, é um atestado de sobrevivência da razão humana que, apesar de tudo e dos palpites do Gil, conseguiu (e conseguirá, espero que sim) prevalecer. Até mesmo na prostração e na morte.

Depois de ler esse livro, é fácil dispensarmos o sobrenatural, a ciência ou qualquer outra coisa que queira dar um sentido ou explicação, por exemplo, ao congestionamento de São Paulo nos horários de pico. Levi dá todas as respostas: de onde viemos, quem somos e para onde vamos. Encerra as questões todas, e até o suicídio — depois desse livro — tem o seu mistério filosófico esclarecido.

Depois desse livro fundamental, entendi que o compromisso de "dizer", tomar a atenção e contar uma história, é o mais grave de todos. A meu ver, maior do que o próprio holocausto sofrido na pele por Levi. Foi esse compromisso, ou a coragem de distanciar-se da infâmia, que o fez escrever um livro estupendo. Primo Levi partiu do ponto de vista do homem e não da vítima. E assim me ajudou a responder a mais difícil das perguntas: por que escrever?

Penso que todo candidato a escritor e todo sujeito que se ocupa de escrever livros, devia, antes de pôr qualquer coisa no papel, ler este livro e pensar seriamente no que vai fazer.

Não vou negar que a vaidade é importante. Claro que sim. Quem escreve e publica quer antes de qualquer coisa aparecer. Mas Levi me fez entender — e confirmar o que eu já suspeitava — que, acima da vaidade, quem se dirige a outra pessoa e diz "escrevi um livro" tem que obrigatoriamente ter "algo a dizer".

Um aviso: aqueles que festejam a própria pequenez não me venham falar em subjetividade.

Sou escritor e me refiro a livros fundamentais. Meu critério é minha arbitrariedade, e estou muito feliz com os resultados que alcancei. Penso que é um crime publicar por publicar: algo comparável a um holocausto sem um Primo Levi para contar. O negócio é sério. Publicar por publicar é cuspir nos livros que já existem e comprometer a existência daquilo que realmente vale a pena existir. A exceção à regra pode ser o autor que escreve apenas um livro "fundamental". Este livro lhe dá, digamos, uma autoridade para desdobrar-se. Ninguém, por exemplo, poderia acusar John Fante de ter escrito somente um livro que prestasse. A mesma coisa vale para Emanuel Bové e os desdobramentos desnecessários de sua obra fundamental, *Meus amigos*.

Até aí tudo bem. O problema é o Chico Buarque, que é um cara inteligente, dono de uma obra musical respeitável, filho de Sérgio Buarque de Hollanda e parceiro de Vinícius e Tom Jobim...

O problema consiste no fato de um cara como o Chico escrever livros inteligentes que se desfazem no ar de tão insossos, e posar de escritor. Não é exagero o que digo. Exagero é o circo que se arma em volta. *Budapeste* não é *O processo*, *Budapeste* não tem nada a ver com as *Cidades invisíveis* de Calvino, *Budapeste* não é um *Aleph*, e eu poderia citar outras dezenas de livros e autores fundamentais para provar que Chico Buarque não tem nenhuma importância como escritor.

Então eu pergunto: a eternidade, como é que fica? Ou seja: posso perfeitamente prescindir de todos os livros do Chico e de 98% dos autores do Festival de Literatura de Parati e não conseguir dar um bom-dia sem pensar em Primo Levi. Posso e devo prescindir dos palpites do Caetano Veloso — o que o Caetano está fazendo no Festival de Literatura? — e não conseguir atravessar a rua sem pensar nos olhos do minotauro gelado de Juliano Garcia Pessanha. Por que um sujeito escreve um livro que não é fundamental? — e publica, vai a Parati e se promove como se tivesse algo a dizer?

Não entendo. O que o Ferréz, que é um anjo do assistencialismo, está fazendo no Festival de Literatura de Parati? Um contraponto ao colorido do Caetano? Desde quando cara feia e desempenho no palco fazem de alguém escritor? O que o marketing tem a ver com literatura? Pra mim, marketing é sinônimo de campo de concentração. Leiam Primo Levi.

Eu posso perfeitamente passar sem os chiliques e as tatuagens de tanta gente por aí metida a escrever livros e não conseguir comer um pastel de queijo sem antes pensar no *Aleph* de Jorge Luis Borges. O que eu não posso aceitar é que meus livros sejam jogados no lixo por essa mesma gente que dá e recebe medalhas, freqüenta colunas sociais e festivais de literatura e acha que o Caetano é um gênio e que o Chico é um grande escritor porque é inteligente e bonito ou porque tem *pedigree* ou porque é um homem sofisticado e discreto... etc. etc...

Ou ainda; aceito todos os certificados e alvarás, incluo nos méritos do Chico a mais bela canção da música popular brasileira, *Beatriz* — que o Ed Motta faz questão de estragar sempre que pode. Tudo bem. Mas grande escritor ele não é, não.

Já escrevi uma crônica sobre isso, aliás. Esse povo que tanto bajula o Chico e que acha o Caetano um gênio, bem podia ter me convidado para o Festival de Literatura de Parati no lugar do Ferréz, por exemplo. Sim, porque diferente do santo do Capão Redondo, eu sou um burguês orgulhoso da minha condição e sei manusear todos os talheres. Não daria vexame, de jeito nenhum. Da próxima vez, me convidem. Quero ganhar medalhas e muito dinheiro e repetir todas minhas reclamações ao vivo e em cores. E quero cobrar também: Bernardo Carvalho me deve 50 mil reais pelo prêmio Portugal Telecom. Dalton Trevisan outros 50 mil pelo mesmo prêmio, dividiram minha bolada.

Arthur Nestrovski e Lygia Fagundes Telles me devem dois Jabutis e 24 mil reais. Eu queria ter pelo menos um jabutizinho desses... nem que fosse pra atirar do décimo sétimo andar na cabeça dos travecos da praça Roosevelt. Também mandei meu *Azul do filho morto* para o prêmio Bourbon... e sei-lá-o-quê da Feira de Passo Fundo. Não ganhei nada. Mas sei que um cara levou meus 100 mil reais. Não sei quem foi, mas você aí que está com minha grana, por favor, tome vergonha nesta cara e me devolva o que me pertence.

Anotem, todos vocês, o número da minha conta: Itaú, ag. 0189 c/c 48227-6. Nem vou cobrar do Fabrício Carpinejar porque ele escreveu a orelha do meu *Bangalô*. De qualquer forma, a conta está aí. Na próxima coluna digo quem teve vergonha na cara e me devolveu o dinheiro.

Bem, sei que com todo este dinheiro no bolso e mais as mordomias e as palestras advindas do prestígio estabelecido, eu poderia parar de pegar no pé de muita gente aqui em minhas crônicas... ia dar um sossego... e talvez até aceitasse bebericar um chazinho na Academia.

Tem uma boca legal na casa de Machado de Assis, tô sabendo. Tenho certeza que Paulo Coelho não precisa de cinco mil míseros reais por mês. Eu preciso. Se eu fosse ele, renunciava em favor de alguém como eu que tem realmente algo a contabilizar na literatura brasileira.

Ai, ai... quase me esqueço de Heloísa Buarque de Hollanda, Vilma Arêas e Valéria de Marco. Estas três senhoras me negaram uma bolsa Vitae de 3 mil reais por mês durante um ano. Sabem para que pedi a bolsa? Para escrever uma obra-prima: *Bangalô*.

Se não fosse minha mãe a me dar guarida por 37 anos e Isabella Marcatti, minha querida e bela editora, ter me adiantado uns trocados para escrever dois livros fundamentais para a literatura brasileira, eu não teria chegado vivo até novembro do ano passado.

Acho que agora que queimei todos os meus filmes... poderia, sei lá, ganhar uma medalha, qualquer coisa para eu mudar o disco, para falar de flores, do pôr-do-sol e campanários... Talvez falasse do ventre bêbado de Antônia...

Dos nervos, uma obra-prima

Ricardo Lísias tem 28 anos, é mestre em teoria literária pela Unicamp e atualmente conclui o doutorado em literatura brasileira na USP. Até aí, nada demais. Vale que o gajo é meu ideólogo, de vez em quando me empresta uma grana e é autor de *Cobertor de estrelas* e *capuz*. Além disso, ele escreveu este *Dos nervos* na mesma ocasião e lugar em que escrevi meu *Bangalô*. À época, alugávamos a mesma namoradinha, Tati.

Hoje ele encontrou sua Ki e eu, minha Antônia. Pois bem, feita a apresentação, quero dizer que ambos somos admiradores da literatura de Juliano Garcia Pessanha e não estamos nem aí para o espírito olímpico.

Eu não gostaria de estar no lugar do cérebro de Ricardo Lísias.

Desta vez, ele abusou do danado e arquitetou uma obra-prima, *Dos nervos* (editora Hedra). Onde sobra conhecimento técnico, também sobra muito talento e sarcasmo para o autor se dar ao luxo de fazer combinações

151

que, aparentemente, não teriam motivo nenhum para se encaixar. A claustrofobia nada mais é do que um móbile nesse *Dos nervos*. O mesmo já acontecia no seu livro anterior, *Capuz*. A diferença para esse novo livro é que o encaixe prescinde do próprio encaixe. Seria amadorismo da minha parte dizer que o mérito desse livro também pode ser o maior defeito. Isto é, ao mesmo tempo em que o autor pode ter planejado o livro para ser o que é, também pode ter ocorrido de o livro ser do jeito que é por acidente, sorte. Uma hipótese remota em se tratando de Ricardo Lísias...

Esta, aliás, é a armadilha mais ululante que um bom leitor deve evitar ao procurar um desfecho comum para a história que faz do paralelismo sua maior farsa e seu grande personagem. Temos atmosferas e alguns sintomas forjados pelo autor com o intuito claro de misturar as bolas (ou as peças) na cabeça do leitor. Há que se ter cuidado, por exemplo, com as rupturas de narrativa da professora universitária e com as conjecturas políticas dos enxadristas que se digladiam num clima pré-glasnost. Ricardo Lísias joga o tempo inteiro.

Se não cuidado, pelo menos atenção. O autor nos fornece dados antecipados para nos pôr em xeque no lance seguinte. Até a metáfora do jogo de xadrez é uma armadilha mortal. A literatura de Lísias permite, entre tantas combinações e/ou deslocamentos, a prática de vários sobrepostos que na realidade são indícios falsos. Ricardo Lísias é conhecedor da técnica (ou arte) de embaralhar seis sem misturar com meia dúzia. Une pela tensão (que é o sintoma) dois enxadristas na extinta URSS e uma professora universitária às voltas com seus fantasmas particulares.

Somente um escritor de verdade conseguiria levar um paralelo desses adiante sem precisar encerrá-lo na/ ou pela história contada. Bastou para Ricardo Lísias manter a atmosfera em suspensão. *Dos nervos* vence pelo sufocamento e o aparente conflito entre esses paralelos... que na verdade não existe. Um livro sofisticadíssimo que eu não indico para leigos e leitores de Ferréz, Bonassi e cia. Em última análise, Ricardo Lísias escreve mais um jogo diabólico de armar do que um livro. O efeito entretanto, é de um livro perfeito, e esse efeito só poderia ser alcançado por um escritor que sabe o que faz.

A propósito: a perfeição é outro sintoma arquitetado pelo autor.

Não sei o que pode acontecer no dia em que o cérebro faltar a ele. Ou Ricardo Lísias entra em parafuso ou se deixa levar pelas sobras e mondongos e escreve um clássico da literatura mundial...

Enquanto o clássico não vem, vale a pena conferir essa obra-prima e prestar mais atenção em autores como Lísias e Juliano Garcia Pessanha. Um excelente antídoto, aliás, contra a marquetagem tosca (embora eficiente...) que vem da periferia travestida de realidade. Um antídoto contra a cara feia e a demagogia que flerta e ao mesmo tempo investe contra uma classezinha média acovardada, canastrona e refém da própria má consciência. A literatura de Ricardo Lísias, em suma, insurge-se para desqualificar e repudiar com veemência o estado de miséria e complacência que vive a cultura brasileira. Alvíssaras! Viva Ricardo Lísias! Uma pena que tamanha grandeza esteja ao alcance de tão poucos...

* * *

Os autores citados na minha crônica anterior não se manisfestaram. Além de inferiores literariamente, são sovinas. Para eles, deixo meu desprezo. Não cometerei a indelicadeza de publicar minha conta bancária novamente.

Tenho mais o que fazer e pretendo me ocupar do ventre bêbado de Antônia. A verdade é que vivo um triângulo amoroso. Estou apaixonado por Antônia e por mim mesmo. Não dava para ser de outro jeito. O cenário são os hotéis descoloridos do Largo do Machado e as noites do Rio de Janeiro. Para terminar, cito a profecia do meu amigo Reinaldo Moraes: "Ainda vais gozar dentro da mulher que te ama."

Quem diria, logo eu... que nunca acreditei em amor nem em orgasmos. Hoje só acredito em Antônia. Nosso affair é tão perfeito — tirando o fuso horário — que ela mesma me convidou para jantar numa churrascaria em Copacabana. Além de beijar em movimentos circulares, minha doce Antônia também adora bifes de fígado e moelas aceboladas. Reinaldo Moraes, para quem não sabe, é autor dos romances *Tanto faz* e *Abacaxi*. Até semana que vem.

Cubo mágico

•

Perdi a amizade do Pinduca. Antônia não me quer. Não entendo. O que aconteceu? E o meu espanto? Onde foi parar meu espanto? Onde — depois de tantas perdas e desencontros — amarrei meu jegue?

Ive era a antilésbica, minha galega. Uma mulher moderna que gostava de mulheres porque era moderno e que gostava de mim porque às vezes eu a levava para jantar no Pequi (lugar onde atrizinhas sem talento e com pretensões globais adoram ir para "ver e ser vistas"; fica aqui em São Paulo na Alameda Santos, esquina com a Peixoto Gomide).

Éramos mais do que um casal pacificado: talvez a sintaxe perfeita. Quase um cemitério de delicadezas e civilidade. Às vezes, ela me pedia para enchê-la de porrada. Só isso.

Outras vezes, eu não sabia o que fazer. E ela calava. Então eu lhe sugeria, na condição de patrono da sua falta de talento, algumas atividades para distrair "o meu ponto de vista". Ive, sempre solícita e deslumbrada, acatava todas as minhas sugestões: patinava no parque Villa-Lobos e fingia paixão na alcova, creio que mentia por não ter alternativa e eu, é claro, não participava jamais (nem de uma forma nem de outra) das "atividades de Ive". De modo a preservar meu ponto de vista e a distância que havíamos estabelecido de antemão. Assim ficava eu lá no meu canto. Enchendo a cara de gim — independente do arreto — e dando uns tratos nos meus desassossegos e azeitonas portuguesas.

Às vezes, sugeria o cubo mágico a Ive. Que ela espremesse minhas espinhas... Sei lá. Ou que pulasse de um sofá para outro, feito uma gata vira-lata. Mas nada de perguntas. Que miasse. Ou imitasse os trejeitos da Débora Secco — qualquer bobagem vinda da minha gata antilésbica estava *d'accord*.

O intrigante é que, depois de um mês de sugestões e acepipes, Ive resolveu demarcar territórios em meu apartamento... para ela e a namorada. Um lugar estéril, *par excellence*.

Arrumei uma caixinha de areia para as duas. Ive, no entanto e apesar do cubo mágico e dos passatempos que eu lhe sugeria, continuava sendo a mesma criatura assustada de antes da caixinha de areia. Ao contrário de Bebel, sua namorada e parte macha.

Pobre Ive, pobre de mim.

Eu não queria interferir. Uma vez que Bebel, a parte macha, também tinha suas fragilidades (talvez fosse menos moderna que Ive) e, às vezes, me pedia atenção e forjava uns acordos que eu jamais cogitaria entabular com nossa gata antilésbica, Ive.

Uma noite Bebel me confidenciou: "sonho com homens".

Do amor, Bebel exercitava o que havia de mais ignóbil: reconhecia e aceitava Ive "como ela é". Ou era.

Bem, isso ou "nossa relação" só podia dar certo. Eu comia azeitonas portuguesas, enchia a cara de gim e até me divertia. Sou — ou era à época — o que chamam por aí de voyeur. Quer dizer: na falta do espanto tinha essa opção. Ou talvez eu não tivesse alternativa, uma escolha razoável antes da merda que nos aconteceu — na pior das hipóteses eu não quis participar do trajeto da bala perdida. Ou ainda: eu e minhas gatas antilésbicas sucumbiríamos — se fosse o caso — por opção, jamais por causa do infame disparo detonado pelo amor.

Havíamos deixado o amor fora do acordo. Não é assim — penso agora, depois de ter perdido as duas — que votamos em políticos canalhas, chafurdamos no lodo do sexo e dividimos as estações do ano em quatro? Não era primavera quando ajeitamos tudo? Por acaso não é desse jeito que desperdiçamos uma vida inteira, fazemos as escolhas erradas e transmitimos nossos genes?

Ou será que a negligência e alheamento — diferente do que aconteceu conosco — não seriam as únicas balas realmente perdidas e verossímeis?

Por que elas me deixaram?

Ive patinava no calçadão. Bebel sonhava com homens. Eu havia renegado todo tipo de nostalgia... Embora, de certa forma, pressentisse que algo iria me corromper num futuro próximo: se já não havia me corrompido naqueles dias. Ou, por outra, os orgasmos e fingimentos estavam lá desde sempre. Nós havíamos escolhido a melhor forma de suportar aquilo tudo — cheguei a apostar nisso. E perdi.

Hoje estou dividido. Nunca mais voltei ao Pequi. Não cogito em armas de fogo, nem em voar. Nada disso. A divisão se dá entre o cubo mágico que Ive esqueceu no sofá, a infâmia do amor e a corda que envolve meu pescoço. Mandem e-mails.

A partir da sambiquira

•

Os assuntos são datados. Mas o texto e minha memória são prodigiosos. Sem querer, quase um ano depois, arrumei uma conexão muito da marota de alhos com bugalhos. Voltemos ao 7 de setembro de 2003. Ou melhor, um dia depois.

À época não se sabia se os encapuzados eram do PCC ou atores contratados pelo Gugu. O que vale é que me divertiram. Eu estava lá na frente da televisão, sem nada melhor para fazer, e o controle remoto zapeou na entrevista dos picaretas do *Domingo Legal*.

Um era suposto latrocida e havia sido preso por tráfico e seqüestro, o outro havia encoxado a mãe no tanque e ameaçava a integridade física do Datena & família. Uma presepada em todos os aspectos.

Escrevo esta crônica, enfim, para dizer que me solidarizo com os encapuzados do Gugu. Sempre vou me solidarizar, aliás. Neste caso, principalmente porque dar um susto nestes apresentadores de programas policiais

159

não deixa de ser uma contrapartida saudável. Não é brincadeira o pânico que estes caras espalham na tevê.

Não importam que tipo de susto e as circunstâncias. Eles merecem.

Agora, quero fazer uma confissão: é exatamente este mesmo impulso de revolta e homicídio que me faz zapear a tevê. Isso, no entanto, não quer dizer que eu tenho o costume de encoxar a mãe no tanque, detonar criancinhas e/ou assistir ao programa do Gugu aos domingos. Nada disso.

Mas que estes apresentadores de programas sensacionalistas merecem um PCC... ah, isso merecem. O susto, digamos, está embutido na charlatanice deles. O sintoma é intrínseco e proporcional.

Uma curiosidade: vocês sabem que a cigarrinha-da-espuma, um bichinho de seis milímetros de comprimento e doze miligramas, pode saltar até setenta centímetros? Isso equivale mais ou menos a um Ronaldinho saltar duas estátuas da liberdade, uma sobre a outra.

Daí que os esportes em geral, as festas de formatura e os casamentos não me impressionam. Um festival de gente comum atrás de diplomas, medalhas e buquês de noiva. A cigarrinha-da-espuma faz mais por muito menos.

Outra coisa, no mesmo dia 7 de setembro de 2003, Marta Suplicy e Rosinha Matheus foram vaiadas nas avenidas de São Paulo e Rio de Janeiro. Neste mesmo dia, tivemos notícias da breca no frigorífico Chapecó. A empresa deixou de fornecer ração aos seus parceiros avicultores. Os franguinhos é que dançaram. Depois de três dias passando fome, partiram para o canibalismo. As aves de Xaxim, cidade vizinha, também foram atingidas.

Vou relatar o acontecido a partir da sambiquira. A propósito, sambiquira é o apêndice triangular sobre as últimas vértebras das aves, na qual se implantam as penas da cauda. Pois é, foi ali mesmo.

Foi a partir da sambiquira que o canibalismo correu solto, porque é a parte mais frágil. Depois que a primeira ave é ferida, surge o gosto salgado do sangue, as bicadas das aves são incontroláveis... A maior parte das aves foi estripada (sete milhões de frangos!) e o cheiro de ave apodrecida tomou conta de fazendas, sítios e das beiras das estradas. Bem, até o leitor desavisado, creio — a esta altura — quer saber qual a relação entre o PCC, a cigarrinha-da-espuma e as aves estripadas de Chapecó e região. Nenhuma. Aparentemente nenhuma. Ou nada de novo sob o sol senão o terror, a idiotice misturada com a má-fé e a iminência de um fim trágico a partir da sambiquira para todos nós, aves, leitores e cigarrinhas-da-espuma.

Ódio nunca é demais

Quem me odeia ocupa-se desse ódio com tamanha sofreguidão, assiduidade e afinco que, às vezes, fica difícil para mim não me sentir gratificado. Talvez porque eu também seja usuário das gratuidades e da fúria com que me presenteiam. Isso me faz tão bem... Me revigora para continuar debochando de mim mesmo e, sobretudo, de quem me odeia.

Sou grato do fundo do meu coração.

Sem falar que a audiência está engordando minha conta bancária. Vejam só: quanto mais me odeiam, mais meu salário aumenta. Xinguem mais, ameaças de morte também são muito bem-vindas. Faturo à base de impropérios contra minha forma física, ganho bônus extras quando meu estilo é contestado e faturo ainda mais quando me desqualificam moralmente.

Qualquer desqualificação reverterá necessariamente em meu favor. Meus inimigos é que estabelecem os critérios e dividendos correspondentes. Porque eu mesmo não tenho critério nenhum. Continuem, por favor. Digam que sou um mercenário, acionem o Ministério Público. Organizem-se em ONGs, galeras e movimentos. Ódio nunca é demais.

O que pode soar como arrogância nada mais é do que minha sofisticação. Quando sou hermético evidentemente não entendem porcaria nenhuma. Se argumento com clareza e sensatez, minha verve é atribuída a terceiros... Querem saber de uma coisa? Desisti. O que me interessa é faturar. Não tenho nenhum pudor em fazer esta confissão e desfilar (de lambuja) meu gênio em público. Que morram de despeito — este item é muito valorizado, aliás.

Quanto mais itens e desqualificações, melhor: aceito blasfêmias, tickets e vale-refeição.

Outra coisa. Ao longo desses meses descobri que posso discorrer sobre qualquer tema — acima e apesar da tesão e do ódio que sentem por mim. Repito: não tenho critérios. Me sinto perfeitamente à vontade para não me importar com absolutamente nada, até para ser indiferente ganho dinheiro.

As eventuais surras não se referem ao fustigamento de fulano ou sicrano... Mas são dirigidas ao objeto ódio que se oferece ao sacrifício. Só isso. Às vezes, sobra a quem não merece. Aqui faço um *mea culpa*. Isso, porém, não quer dizer que não correspondo à inveja que sentem por mim ou que tenho sangue de barata. Fiquem sossegados. Claro que tenho inveja. Também sofro de sinusite. Às vezes, cometo uns errinhos gramaticais somente para sacanear. Armo arapucas primárias pelo prazer de ver neguinho se esborrachar. Enquanto isso, enriqueço.

Aceito macumbas, despachos e exorcismos.

No final das contas, minha sintaxe me absolve. A platéia estrila, inconformada. A verdade é que a vaia — além de me deixar cada vez mais rico — me dá um prazer sobrenatural. Quase doentio, eu diria. Ainda assim, sou um cara ético — e bem-dotado, segundo Marisete. Aprecio a inconformidade. Sou um esteta. Uma pena que não consiga ser um mau-caráter. Aí me acusam, censuram, me enriquecem... São chiliquentos e previsíveis, mais moralistas do que eu, e, no frigir dos ovos, a ignorância é solidária. Gosto disso. A bem dizer, sou um crédulo.

Que morram de tesão...

Também aceito pré-datados.

O que importa é que tudo o que faço é gritante, escancarado. Sou um cara público e notório. Assino embaixo e uso todos os recursos de que disponho para apostar alto. Se eu não perdesse de vez em quando... Seria uma desproporção. Ah, Antônia... Eu amo você.

Todavia não faço pose. Cultivo, isto sim, o deboche e a manipulação. Vale dizer: reconheço minhas mazelas, confesso minhas culpas e, de antemão, me condeno por todos os crimes e pecados cometidos... De tal maneira que ponho minha credulidade em xeque e adquiro liberdade para ir além, para tripudiar de tudo e de todos, e cooptar, enfim, meus defeitos. Mas isso não é pra qualquer um. Márcia Denser é a única escritora que conseguiu algo parecido. Digamos que, além de não ser confiável porque sou um grande escritor, também administro o demônio e a maldita volúpia da santidade — seja para o bem ou para o mal. Um cara sofisticado, em suma. Sou assim. Fazer o quê?

Às vezes, chego quase a ser um cristão. Portanto, tenho o dever de enriquecer à custa da boa (ou má vontade?) alheia e de alertar: 1. Não é qualquer pangaré que vai me entender. 2. O desavisado pode se machucar, quebrar a cara. Qualquer dúvida, mandem e-mails enfurecidos e/ou depositem diretamente na minha conta (o número está em "Crônica para Antônia", leiam, é uma obra-prima). Se quiserem reclamar pessoalmente, basta me procurar no Fasano. Janto todas as quartas e quintas-feiras por lá. Eu & o Caetano.

Aceito qualquer chilique e praga, desde as mais chiques vindas dos Champs Elysées até as mais fuleiras vindas da Vila Brasilândia. Também troco favores por sexo e, sobretudo, amo a todos que me odeiam. Ódio nunca é demais. Obrigado, e beijos no coração.

A cobrança de Ivana

•

Ontem mesmo lembrei do suflê de cenouras que ela fazia às quintas-feiras, e do cheiro do cangote da minha doce Ive, por onde ela andará?

E Bebel, a parte macha do acerto, o que terá acontecido com minhas meninas?

Minha doce, agridoce companheira... Com quem Ive dividirá os lençóis, grotões e desvãos que batizei de "nossos interlúdios de desfazimentos"? Às vezes, tenho vontade de voltar àqueles tempos — para pedir um desconto pro bilheteiro — outras vezes, quero apenas sumir.

Ive e Bebel me corrigiam. Ou pelo menos sabiam me cobrar. O que, descontadas minhas patifarias e premeditações, já era algo positivo. Elas estavam certas, reconheço. Sempre fui um patife, sacana deliberado e o "verme em questão". Mas também sempre fui brilhante. A muito custo, aliás, adquiri esse brilho e a liberdade para me detonar. E isso — embora às vezes eu tenha agido com covardia — era o que me dava o combustível para amá-las e destruí-las, Ive e Bebel. Hoje sinto saudades.

A propósito. Outro dia, Ivana Arruda Leite, autora de *Falo de mulher* (ed. Ateliê), me cobrava o Vicente Celestino que eu havia lhe prometido desde o lançamento do meu *Azul do filho morto*, e nós nos desentendemos. Talvez — para ela — eu tenha apenas retribuído com um João Gordo (antes de ele vender chicabon na tevê). A questão era exatamente Ive e Bebel. Ivana me acusou de pegar pesado com as meninas. Ela, Ivana, não compreendia o porquê de eu entregar CIC, RG e descrever as tatuagens e genitálias das duas. Enfim, Ivana acreditava — ou acredita — que a literatura jamais iria me absolver de tamanha canalhice. Bem, eu fiquei na minha e disse não.

Em primeiro lugar, sou culpado, não quero ser absolvido. E, depois, não vejo diferença entre um canalha que cala, consente e apenas fabula e outro que diz, esculhamba e faz questão de misturar realidade com ficção. Ou seja: a canalhice não é um atributo exclusivo dos bonzinhos (e vice-versa). A ordem dos fatores jamais vai absolver o produto de todos os crimes que cometemos, nem vai me trazer Ive e Bebel de volta — isso que é o mais grave, entende Ivana?

Daí que não posso me omitir e faço questão de misturar minha esquizofrenia, iridescência, sofismas e desdéns com o ventre inchado que idealizei aos pontapés tanto de Ive como de Bebel, entende Ivana? A Lagoa

Azul está poluída — e ninguém sofre mais do que eu por conta disso. Além do mais, as duas me deixaram e, agora que a saudade faz parelha com a melancolia e o desejo físico, a melhor coisa (ou a única opção que me sobrou) é falsificar a mentira para dizer a verdade... para esquecê-las, apesar de mim. Isso dá tesão.

Mas não quer dizer que sou necessariamente um monstro escroto e insensível, nada disso. Vou lhe dizer uma coisa, Ivana: o primeiro atingido sou eu. Que sofro por todas essas mazelas e ponho minha cabeça a prêmio. Outra coisa: destruo e dou CIC e RG não porque sou corajoso. Também não é por covardia. Creio que, apesar de tudo, tenho as medidas humanas mais ou menos equilibradas, e minha vontade de chorar o defunto que eu mesmo matei não deve ser muito diferente da maioria dos defuntos das outras pessoas.

Não ajo completamente pela paixão nem pela razão. O que existe, suspeito, é uma necessidade de registrar aquilo que vai apodrecer e que ninguém — a não ser eu mesmo — diante do meu próprio sufocamento, dúvidas e mazelas subseqüentes, somente eu, teria condições de registrar e/ou apodrecer junto, entende Ivana?

Trata-se de algo mais premente do que, digamos, uma fotografia, isto é, sou eu quem estabeleço a direção, a luz, a situação e o deslizar de Ive sobre o sofá. Até a receita de suflê de cenouras é de minha lavra: portanto, é mais do que demolição e é mais do que um mero registro e, curiosamente, é mais definitivo e encerrado do que o fato em si. Se eu estivesse mostrando a realidade ou denunciando ou, de qualquer forma, se eu estivesse a serviço dessa realidade (que você me cobra), eu estaria apenas favorecendo o momento — como se fosse um fotógrafo ou um historiador imparcial. Só isso. O que faço é muito mais, além de criar a realidade a meu modo, a encerro definitivamente diante do meu ponto de vista. E ninguém, Ivana — senão eu mesmo —, poderá se arrepender e/ou contestar o que não lhe cabe.

PS.: O meu ideólogo, Ricardo Lísias, autor de *Dos nervos*, acha que esse termo, "realidade", é antiquado demais. Boa tarde a todos. Meu gado surpreendentemente continua fiel. Muuuuuu.

O homem da quitinete de marfim

Aqui estou, trancado na minha quitinete de marfim. Desautorizado de antemão porque não conheço a realidade, não fui beber com os manos e não vibrei com os pódiuns de Ayrton Senna. Além disso, sou um filhinho-de-mamãe metido a besta. Não sei o que é poesia concreta e também passei batido pelo axé.

E o que era mais grave: até a semana retrasada não havia experimentado (no sentido bíblico) nenhuma fêmea de graça, portanto não podia falar de amor e os meus sentimentos não contavam porque, segundo a lógica estabelecida por aqueles que conhecem a "realidade", todas as minhas palavras não passavam de elucubrações de um onanista frustrado, bobagens de um cara que às vezes sabia flertar com as palavras e consigo mesmo, apenas isso.

Concordo com o seguinte: *feelings* são questões individuais que ninguém — a não ser Morris Albert e Caetano — pode ter a cara-de-pau e o talento para falar sobre. Até aí, me sentia um privilegiado... Por ter sido e por ter me excluído deliberadamente de tamanha banalidade.

Acontece que semana retrasada fui vitimado pelo amor. Suspeito que é macumba do meu gado (rebanho que se estende desde os Champs Elysées até as quebradas mais fuleiras da Vila Brasilândia). Devem ter costurado minha foto na boca de um sapo e o enterraram no túmulo de Vicente Celestino. Só pode ser isso.

Agora estou aqui. De volta à minha quitinete de marfim e chorando o pé-na-bunda que Antônia me deu. O nome dela não é Antônia... eu devia dizer que se chama N. a mulher que levou meu coração... mas não vou fazer isso porque sou um fraco e continuo apaixonado, apesar do machinho que ela arrumou na semana seguinte... enquanto eu chorava sua ausência... Ah, Antônia... meu defunto nem havia esfriado na sepultura...

Não vou dizer que se chama Mirella porque ela foi honesta comigo: depois de não ter me recebido, ligou para minha casa e disse que me amava e que estava "ficando" com um garoto idiota e que... se dependesse dela (e não do maldito tesão) largaria o merdinha para morrer ao meu lado.

Que lindo. O problema é o maldito tesão. Embora tenhamos passado uma noite inteira atracados feito dois chimpanzés, Antônia (vá lá, vou chamá-la "Antônia") disse que não tinha nenhum tesão por mim. Só amor. Bem, isto é mais ou menos o equivalente àquilo que acontece com meu gado: me odeia, arma macumbas hediondas, quer me ver na lama e, ao mesmo tempo, me deseja para sempre, não pode viver sem minha companhia, me ama. Sinceramente, não entendo.

Não obstante, posso falar de amor. Agora tenho autoridade. Já que o critério é esse, quer dizer, sofrer feito um chimpanzé, identificar-se com todas as músicas da FM, desde Zezé Di Camargo & Luciano, passando pelo xarope do Nando Reis até chegar em Caetano & Morris Albert. Agora, eu posso dizer que sei do que se trata. Amei. Todos eles dizem a mesma coisa. Vivi o treco. E uma coisa, meu gado, vos digo: "aquele fio de cabelo comprido esteve grudado em nosso suoooor". A realidade, enfim.

Nada melhor do que Moacyr Franco e Ferréz para reafirmar minhas suspeitas — e preconceitos — e para me ajudar a prescindir deste mal vira-lata que é a realidade (nada a ver com o amor que sinto por Antônia). Isto é, depois de tanto lixo posso voltar ao Jorge Luis Borges de "Sete noites", limpo. Embora morto. Quase livre da realidade não fosse ela tão grudenta. Se não morri de bala, foi o amor que me liquidou.

A verdade é que, depois de ter cometido um "eu te amo" pela primeira vez na vida, fica muito difícil voltar a Primo Levi, quase impossível reler Cioran... depois de ter exercido efetivamente a consciência amorosa da babaquice, o sujeito torna-se um babaca. Sou um babaca. Mas Borges eu encaro...

Antônia fez muito bem em me dar um pé-na-bunda.

Para esses casos, recomendo a Alfa FM. Vem mesmo a calhar, e o momento — uma coincidência? — é de chafurdar nos anos 80, ouvir muito Legião Urbana e emburrecer até o último grão vibrando com Kim Karnes e o Grupo Rádio Táxi. Não é pra entregar os pontos?

Pois bem, eu entrego. Estou na lama e ontem à noite sonhei com Antônia rindo da minha cara e fazendo amor (meu Deus: "fazendo amor"!?) com um sujeitinho completamente descerebrado, acho que era um ácaro desses de propaganda de pulverizador de sofá, ela continuava fugindo dos beijos de língua e fazia o melhor sexo oral da praça, como se fosse uma profissional, a mesma que me prometera uma vida de almôndegas e insignificâncias, a mesma que perdi porque o tesão matou o amor. Se eu fosse ela, cobrava.

"Ser mulher da vida e não cobrar... é melhor ser mulher honesta", diz a sabedoria dos WCs.

Taí. Viram como a realidade é dispensável? O que se segue é um grude que tende a descambar em vingança, ódio e desilusão. Não quero boleros deslavados... Lupicínio Rodrigues e Vinícius de Moraes. Não quero isso. Não tenho paciência nem grandeza para tanto.

Então, já que cheguei à lama mais ou menos civilizado, vou citar (de memória) um trecho de "Sete noites". Jorge Luis Borges discorria sobre Schopenhauer e Buda. Tanto Sidharta (ou Buda, dá na mesma) como o sombrio filósofo acreditavam que o mundo era sonho e que seria muito bom se, de vez em quando, deixássemos de sonhá-lo. Buda tinha uma questão: o que é viver? "Viver é nascer, envelhecer, adoecer e morrer." Ele acreditava que não era só isso. Tem mais. Um dia abandonaríamos nossas quitinetes de marfim (Sidarta abandonou a sua) e teríamos que necessariamente sofrer de outros males, dentre os quais um que ele, Buda, considerava dos mais patéticos: "não estar com quem queremos". Pois é: na mosca.

O tal do Buda sabia das coisas. Ou o sujeito enche a cara, ou entra prum mosteiro... Ou pede pra ela voltar, mesmo sabendo que a mina vai lhe enfiar chifres, rir da sua cara. Mesmo sabendo que sua Antônia não tem nenhum tesão por você, e que você é um trouxa incorrigível. Que chora até com Caetano Veloso cantando *Feelings*.

Só o Guga nos salva ou crônica olímpica •

O que os heróis olímpicos brasileiros têm a nos oferecer? Rodrigão é o mais alto. Daiane a mais baixa, Torben Grael o mais velho, Jeniffer (com dois efes) a mais nova. O mais pesado é o judoca Daniel Hernandes e a mais leve, Laís Souza, sua modalidade é a ginástica artística.

O homem mais alto da delegação brasileira dá porradas numa bola, faz o bloqueio e deve ser o orgulho de dona mamãe babona e do seu... sei lá, Laércio: que vibra deslumbrado defronte à tevê. Alguma coisa assim, típica. Podíamos incluir mulher, filho recém-nascido, irmãs e cunhadas, todos uniformizados e apatetados interagindo em figas e correntes positivas. A avó Maria prefere rezar no quarto. O vôlei é ouuuuuro! Daiane é a garota humilde que salta o duplo tuíste carpado (é assim que se escreve?) e veio lá do Rio Grande do Sul. O joelho da menina que curte Daniela Mercury é, hoje, a grande preocupação de 170 milhões de brasileiros. Incluindo dona Marisa Letícia.

As entrevistas de Daiane, que venceu os preconceitos e superou os próprios limites, são as mais concorridas. Ela é um fenômeno que os cientistas ainda não conseguiram decifrar.

- Sarah, a macaca do zoológico de Tel Aviv — que resolveu andar sobre as duas patas — intriga os cientistas. Mas o engraçado é que ninguém se espanta com os lutadores de luta greco-romana nem com os judocas peso-pesados, especialistas em ficar de quatro. Eles e a comissão técnica e o Galvão Bueno, todos uivam e batem no peito feito orangotangos. O que essa gente que corre, pula, chuta bolas, nada e ganha medalhas tem de tão especial?

O espantoso não é a macaca israelense que resolveu andar feito uma atleta olímpica, mas os atletas olímpicos que ficam de quatro e ganham medalhas. A cigarrinha-da-espuma também "desafia os próprios limites" e é muito mais surpreendente do que qualquer Oscar Schmidt. Uma vez já escrevi sobre isso. Mas vou repetir porque a ocasião é bovinamente oportuna: nossa amiga cigarrinha-da-espuma salta setenta vezes o seu tamanho. Mal comparando (porque a cigarrinha não dá entrevistas) é como se um Ronaldinho, de 1,75m, saltasse sobre duas estátuas da Liberdade, uma sobre a outra.

Por que ninguém condecora a cigarrinha-da-espuma? Onde estão os bombeiros, o presidente e o Galvão Bueno? Cadê o espírito olímpico, os patrocinadores e a *Playboy*?

Festival de gente comum. Tédio, babaquice. O negócio é tão vazio quanto as prateleiras do Ayrton Senna, herói dos heróis de si mesmo. Vou dizer uma coisa: esta gente-bicho ganha muito dinheiro, lê o Paulo Coelho (quando lê) e brota de qualquer lugar. Nada tem de especial. Se Rodrigão tivesse nascido na Itália, estaria lá na Olimpíada do mesmo jeito, e com os mesmos 2,04m e defendendo a nação italiana, a porpeta e a pizza napolitana. A geografia é apenas um detalhe que deveria ser ignorado como as falésias, os recifes, os corais e a preferência sexual do Caetano Veloso.

E daí que os africanos são os favoritos na maratona? Qual a diferença de fulano correr nas savanas africanas e na São Silvestre, na Avenida Paulista? Por Netuno! O que o maratonista faz de tão especial? Qualquer fusca modelo 71 tem desempenho superior — e mais confortável, a meu ver. E o Oscar Schmidt? Qual a relevância do Oscar Schmidt? Vejamos: foi candidato a senador apadrinhado por Paulo Maluf (na eleição que elegeu Celso Pitta...). O que mais? Hoje em dia vende badulaques na televisão, dá "palestras" e se proclama "exemplo para a juventude". Sei, sei.

O homem passou a vida enfiando bolas numa cesta! Por todos os Deuses Olímpicos! Além disso, freqüenta o sofá da Hebe! Ele quer dar exemplos... para a "juventude" da TFP, só pode ser.

Às vezes, porém, no meio de tanta ruminância aparece um Guga da vida. Sou fã incondicional do Guga — quando o garoto ganhou Roland Garros lhe ofereceram uma carona no carro de bombeiros. Sabem o que ele disse? "Só subo aí se for para apagar incêndio".

Essa declaração serviu para suprimir os recordes, bolas encestadas, medalhas, gritarias, fanfarronices, infantilidades do Zagallo e retardamentos mentais de toda a história esportiva brasileira. Garoto lúcido, esse Guga. Não entendo como gente de talento e inteligência como ele e o Juca Kfouri entregam-se ao esporte.

Em todo caso, Guga, ao dispensar o carro de bombeiros, varreu do mapa todas as mesas-redondas e entrevistas com jogadores de futebol, calou a boca do Galvão Bueno para sempre, vingou os três títulos mundiais de Nelson Piquet e encheu de livros as prateleiras do Ayrton Senna, além de ter salvado Pelé dos parnasianismos toscos do Armando Nogueira.

Sobretudo a declaração de Guga serviu para que eu me reconciliasse com meu esporte preferido, que é encher a cara. Obrigado, Guga. Agora me sinto mais bêbado para atravessar o mês de agosto olímpico e para acompanhar o enlace de Daniela Cicarelli e Ronaldinho. Também decidi fumar o Gauloises que Camus fumava e namorar as garotas da rua Augusta sem camisinha. O Brasil precisa de gente como o Guga. Torço pra que ele abandone o esporte o quanto antes e volte às praias de Florianópolis. O resto é boi no pasto.

Tanizaki

●

As arbitrariedades e convulsões é que me dão liberdade para me expressar... e atirar no alvo certo, se for o caso. Quero falar de Junichiro Tanizaki como alguém que vislumbrou um bem-querer em meio ao caos. Não é minha intenção, aqui, tomar um distanciamento crítico nem escrever uma resenha ou algo que o valha. O que eu quero é reafirmar a identidade que somente um leitor apaixonado pode ter com os livros que lhe tocaram. Dizer, enfim, que Junichiro Tanizaki é meu mestre. Se ao final desta crônica (porque sou pretensioso mesmo) eu conseguir, tudo bem. Se não funcionar, pelo menos terei de antemão me livrado da responsabilidade de explicar qualquer coisa.

A chave (Companhia das Letras), o primeiro livro que li de Tanizaki, já me chamou a atenção pelo jogo que o autor estabelece entre enredo (o diário subtraído das taras de um casal) e partes do corpo feminino (pés, nuca e amante sobressalente); a partir daí, denominar a arquitetura de Tanizaki de fetichismo é pouco, uma vez que a adoração por um objeto ou qualquer parte de um corpo encerra-se quase sempre num jogo simplório de entrega. Ou melhor: pressupõe veneração de um lado e uma bobagem qualquer do outro a ser venerada. Jogo que interessa apenas às partes em questão.

Tanizaki usa os mais variados fetiches (revela fotos, assopra e não beija na boca) como instrumentos de algo que tem a virtude de ultrapassar os limites do desejo. Faz literatura.

Em *Diário de um velho louco* (Estação Liberdade), o velho sacana lambe os tornozelos de Satusko, a nora que o manipula consensualmente, e entrega-se ao domínio da vagabunda. Não bastasse, nutre uma atração esquisita por atores do teatro cabúqui que interpretam mocinhas. Esquisita porque é uma atração ao mesmo tempo tesuda, mas não objetivamente sexual. Diz o velho (que nada tem de pederasta): "a atração não se manifesta se vejo o ator sem maquiagem: ele tem de estar travestido de mulher". Talvez devêssemos entender essa atração e o efeito lúbrico que ela provoca no texto como um elemento essencialmente subversivo e corruptor; portanto, muito mais do que uma comichão advinda do sexo. A palavra adequada para compreender Tanizaki é sedutor... Em seguida, poderíamos chamá-lo de genial, grande escritor.

Agora li *Amor insensato* (Companhia das Letras), que já havia sido publicado em nossas plagas pela editora Brasiliense em meados dos 80, com o título acertado de

Naomi. O novo título, *Amor insensato,* é uma contradição em si. Nada mais apropriado a um homem consumido pela paixão do que repetir em vão o nome de sua amada (ou ruína, tanto faz). Naomi é um mantra ideal para o abismo sugerido por Tanizaki: Naomi puta, Naomi desgraçada, Naomi diaba, Naomi manipuladora, Naomi, meu amor, Naomi linda, feiticeira, título perfeito.

Ocorre que este amor (ou ruína...) não é cego. Amor, portanto, que é escolha de Jogi (protagonista?) e nada tem de insensato. Abismo que é salvação.

Naomi ou *Amor insensato* é o livro de estréia de Tanizaki. Melhor, creio, do que *Diário de um velho louco* e *A chave.* Ainda não li *Voragem.* Também quero ler *As irmãs Makioka*, livro prometido pela editora Estação Liberdade ainda para este ano.

Em *Amor insensato* o corno se compadece dos amantes de sua amada. Jogi, bom filho, funcionário exemplar, discreto e homem austero, resolve resgatar uma menina "com traços ocidentais à Mary Pickford" de um café obscuro, e a adota. Ela tem 15 anos e ele 28. Então ele compra o passe. Aluga uma casa-estúdio e muda-se com a garota para lá, onde irá educá-la, dar banhos, pedir comida em restaurantes ocidentais, viver feito artista, transformá-la em sua esposa, uma dama. O dedicado esposo chupa-lhe os tornozelos e, entre outras coisas, a garota aprende a gastar o dinheiro dele feito uma dama... Ou uma puta, tanto faz. O ano é 1924, Japão.

Tanizaki deixa muito clara a ruína do seu personagem. Desde o começo sabemos que Jogi vai quebrar a cara. Isso não é defeito, não é previsível nem estraga o livro como alguns críticos já apontaram. Ao contrário, a maestria de Tanizaki consiste em subverter o suspense trivial. Ou estes jogos de espelhos comuns em narrativas surpreendentes mas que na verdade apenas se prestam a satisfazer e/ou compactuar com a inteligência do leitor. Creio que este tipo de livro-armadilha, a despeito de todos os encaixes aparentemente ensejados por Tanizaki, não é sua praia. Jamais meu mestre atribuiria poderes sobrenaturais a enredos mirabolantes. No lugar disso (ou para tanto), Tanizaki dá banhos em ninfetas: despreza sua cultura oriental para — desculpem o lugar-comum — reinventá-la. A apresentação de Alberto Moravia, aliás, é um ponto forte neste *Naomi* reeditado pela Companhia das Letras.

Somente a boa literatura tem o poder de ultrapassar os efeitos especiais e, a partir do jogo aberto, desprezar os sobressaltos e, ainda assim, impactar... Claro, se o autor for um Tanizaki da vida. Kafka prescindia dos efeitos especiais — é bom não esquecer.

Nos livros de Tanizaki é bobagem falar em previsibilidade e submissão. O masoquista escolhe o próprio castigo e é mais sádico do que o sádico. Jogi escolhe o abismo e o abismo é generoso com ele. Nesse aspecto, poderíamos até acusar Nietzsche de ser previsível — e não é o caso, convenhamos. Naomi tripudia, gasta o dinheiro e a alma do nosso corno (que não é nada manso). Jogi, sobretudo, é seu marido. O homem que consente a traição e sofre o diabo porque não há outra alternativa.

Eis o final do livro anunciado desde o começo... Mas não é bem assim. Nada mais inteligente do que bater quando se está apanhando. Quando não há alternativa. O contrário — e os orgasmos assegurados — compra-se em qualquer Sex Shop, lê-se em qualquer livro de auto-ajuda.

●

Para um(a) grande escritor(a)

•

Lembrei de Bauru. Fui convidado para falar alguma coisa no curso de jornalismo da Unesp. Aí li trechos do meu *Herói devolvido* e impliquei com um professor, que evidentemente não era Roland Barthes — e que insistia numas bobagens de arquétipos, signos e outras ajambrações levadas para o lado do politicamente correto. Um pouco depois do bate-boca — e de eu ter discorrido sobre orquídeas e genitálias cauterizadas — uma garota (pela qual me apaixonei...) quis saber que conselho eu daria para quem quisesse ser escritor. Eu disse a ela que era melhor escolher outra atividade e que procurasse ser feliz, que desistisse antes de começar a escrever.

Ela não gostou e nosso amor terminou ali mesmo. Depois (não, não antes...) comemos um churrasco e enchemos a cara de cerveja por conta do grêmio acadêmico. Um abraço aí, Edu.

Mas vale que lembrei de Bauru para lembrar de anteontem à noite. Vocês que me acompanham aqui na AOL já devem estar acostumados com essas reviravoltas: faz parte do meu show e é um charme que Machado de Assis também cultivava: lembrar de alhos para falar de bugalhos.

Voltemos à noite de anteontem. Mais um lançamento de livro em São Paulo. De um lado, o autor badalado. Do outro, o distinto público de sempre e a editora do autor badalado: vou chamá-la de "fulana em questão". Ela mesma veio falar comigo. Daí Bauru. Digamos que completei aquela resposta que me fez perder o amor da estudante de jornalismo.

Sobrou para a fulana em questão. Soltei oito anos de vira-latas empestados e recusados em cima dela.

Agora vou dizer a vocês o que eu não disse para a estudante de jornalismo e o que a editora (ou a fulana em questão) teve de ouvir. O seguinte: quando cometo o ato de juntar uma sílaba com a outra, penso em hecatombes, apocalipses, catedrais de ouro e num cara que provavelmente poderia ter sido recusado pela doce fulana em questão naquela mesma noite de lançamento do autor badalado. E penso nas centenas de poetas, rappers, romancistas, contistas, cordelistas e chatos de todas as latitudes e longitudes que atrapalham a vida do grande escritor recusado pela fulana em questão, e penso, também, nos picaretas que publicam livros esotéricos e de auto-ajuda, penso no Jô Soares acendendo charutos no *Roda-viva*, e penso que este grande autor que foi recusado pela fulana em questão corre um sério risco de perder a vida, e que o Paulo Coelho é diretamente responsável e devia ser indiciado criminalmente (por vender milhões de livros) junto com dona Zibia Gasparetto... E penso outras coisas ao mesmo tempo.

Curioso, penso nos micos que paguei por ter esquecido que o autor recusado pela fulana em questão era eu mesmo... Há pouco tempo... E penso na mentira(?) que N. me contou e que, apesar de tudo, ainda me convence, e não entendo como ela, antes de embarcar no táxi, conseguiu subtrair aquele abraço da nossa noite de chimpanzés como se fosse o mais bonito ou o último abraço e não me avisou nada, e, de novo, não entendo por que estou aqui, sozinho, ouvindo o mar e lamentando o amor perdido (ou a filha abortada)... E me ocorre toda esta ladainha que corresponde a uma mentira, mas que não é mentira porque dói... Então penso nos meus fogos. Que meus fogos não deveriam se prestar ao regozijo alheio e que deveriam ser apenas fogos — como se fossem mentiras — como era antes, na época em que eu fritava no meu inferno particular e escrevia apesar das recusas e do alheamento. Ou quando eu não estava nem aí e não imaginava que, um dia, ia pagar os micos que estou pagando...

Aí eu penso nas antologias nas quais entrei de gaiato e nos cheques em branco que assinei, penso nos marqueteiros e nos covardes que se prevaleceram do

meu descontrole e tenho vontade de dizer "Chega!".
Quando arrancos sobem da paleta até minha espinha e meu sangue fervido entope minhas jugulares e eu finalmente falo o que tenho que falar: "Chega!" A partir daí não penso em mais nada e resolvo despejar toda esta inhaca sobre os costados da doce e educada fulana em questão, tão educada e solícita e um pouco assustada comigo porque eu começo a babar e ela, apesar de tanta deferência e porque não é besta nem nada, recua... E eu evidentemente não me conformo e grito mais alto, e penso nos concursos literários e nas bolsas Vitae da vida que me negaram, e penso nas confrarias e na política nojenta que movimenta esta engrenagem sórdida que exclui o(a) grande escritor(a) disso tudo, e penso: "Que bom!" Sorte dele ou dela.

Nesse instante, percebo que todos os cães do inferno são nada diante da fúria do grande escritor e poucos para abocanhar a fulana em questão... Em seguida, olho para os lados e fico envergonhado por ter adquirido autonomia ou liberdade tanto para odiar quanto para amar e entendo que está tudo perdido. E tenho outra convulsão... A fulana em questão finge que não é com ela, e penso ou digo para mim mesmo: "Estou de pé. Ainda." E sei que não sou um bosta e olho para o lado outra vez... Vejo meu amigo Bactéria e pego ele pelo braço e peço pelo amor de Deus para ele me tirar dali.

E ele me socorre. Esta crônica é uma homenagem aos meus amigos de verdade e, principalmente, uma homenagem a você, grande escritor(a) que foi recusado(a) pela doce fulana em questão. Quero dizer que é para você que escrevo e que se você for bom mesmo, um dia, a sorte (somente a sorte...) o favorecerá. Nem que você esteja morto.

Mundinho Barrichello

Em se generalizando, "o alvo" fatalmente vai descambar em sucesso. Ou pelo menos o risco — e daí se for um fiasco? — é repartido visceralmente entre as partes afetadas. Uma vez que, independente das boas ou más intenções, alguém vai pagar o pato e sair no prejuízo. Aqui na minha coluna é assim. O importante é que as coisas aconteçam. Interessa-me o alvo. Não importa se o alvo é certo ou errado.

Gilberto Gil sabe disso. À custa de muitos eufemismos e umas poucas canções inspiradas, conseguiu fazer com que seus palpites prevalecessem, a ponto de usar aquele dreadlock ridículo na carapinha e ser respeitado como grande intelectual. Também quero dar meus palpites.

Tô pensando numa consumidora média e num varejista de armarinhos e tecidos há cinquenta anos. Preciso de um lugar... Vejamos, vejamos. Pode ser a Aldeia Campista de Nelson Rodrigues... ou a rua 25 de Março, em São Paulo.

Pois bem, rua 25 de Março. Digamos que, para atender à minha demanda palpiteira, uma jovem senhora pechincha retalhos de tafetá com o dono da loja, sr. Tufik, o turco. O ano é 1954. Beleza, era exatamente desta jovem senhora que eu precisava para dizer o seguinte: o brasileiro sempre foi um babaca, mas nunca teve os instrumentos para exercer essa babaquice.

Ou ainda. Ontem, depois de dois anos sem comer um bolinho de bacalhau decente, fui direto ao Bofetada. Um bar que existia (não sei se posso dizer que ainda existe — está no mesmo lugar...) na Farme de Amoedo, em Ipanema.

O bar foi reformado. Não, não foi apenas reformado. Tenho que ser mais rigoroso e proclamar: foi instrumentalizado para a babaquice... Ou melhor: virou uma franquia do Manoel e Juaquim. A partir desse fiasco, começo minha crônica.

Quando digo que virou uma franquia do Manoel e Juaquim, podia dizer que virou um Bob's, um Habib's ou algo insosso e com gosto de isopor parecido com nada ou coisa nenhuma. Desde os azulejos e as cadeiras, passando pelos uniformes dos garçons até chegar à babaquice instrumentalizada à qual me referi. Hoje, o brasileiro médio e os netos e bisnetos daquela jovem senhora que comprava tecidos na rua 25 de Março têm os instrumentos que faltavam à nossa vovozinha — e os televisores espetados nas paredes — para ser o que sempre foram, babacas.

Senão, vejamos. Os seus filhos, já na pré-escola, são educados para respeitar as diferenças e não ter preconceitos, isto quer dizer não atirar o pau no gato, usar bermudões ridículos e imitar o tartamudeio dos manos da periferia. Quer dizer mais: além de ignorar as noções básicas da sintaxe, seus filhos também são cabresteados rumo ao sexo vazio e às drogas consumidas de inopino, apenas para guardar a cara feia e a semelhança grupal; é claro que, somente sendo iguais, desumanizados desde o berçário até o chope, respeitarão — por absoluta falta de opção — todas as diferenças... Mas que diabo de diferenças?

Uma coisa. Quero deixar bem claro que o conservador aqui não sou eu. Quem se resigna com o tesão e consome drogas batizadas são eles, seus filhos, iguaizinhos uns aos outros.

Assim, adestrados (o movimento é repetitivo, anabolizante) para não reagir às várias tatuagens, DJs estúpidos ou a qualquer assalto da consciência, nem a nada parecido com o que a vida tem (ou tinha...) de inteligente e original, serão eles, seus filhotes — aqui vai um vaticínio: — ultrapassados e engolidos pela palidez dos próprios fantasminhas em que se transformaram. Idiotas. Iguais à bisavó que comprava tecidos na rua 25 de Março e que, agora, está feliz da vida fazendo hidroginástica no Sesc Belenzinho... De lá da malhação da terceira idade, direto para a UTI — afinal, o plano de saúde é para isso mesmo, né bem?

Vidinha Barrichella. Aboliram o espanto. A graça também foi descolorida e qualquer pangaré — desde que seja negro(a), sarado(a), de sexo indefinido e sem nenhum talento — tem assegurado por lei sua cota na universidade e a participação na próxima novelinha da Globo... E se você quiser, ainda pode vibrar com as metáforas boçais do nosso presidente metalúrgico, levar a mãe para a passeata gay e beijá-la na boca (ah, que saudades das encoxadas no tanque!)... e também pode enfiar um piercing nos mamilos, fazer uma trilha na mata Atlântica e nunca mais comer carne na vida; faça muitas abdominais também e anote as dicas de leitura da Fernanda Young e não se esqueça da próxima virgindade proclamada pela Sandy e abençoada pelo padre Marcelo... Os holofotes estão aí para iluminar os vermes, e neste verão use filtro solar fator 45 para se proteger da luz excessiva, tudo brilha demais neste país abençoado pelo Washington Olivetto e bonito por causa do numerólogo do Jorge Ben Jor.

Seus filhos têm duas escolhas: podem atear fogo no corpinho patropi, ou parcelar o funeral em até dez vezes sem juros no cartão de crédito de sua preferência, papai.

Aqui, no mundinho Barrichello, a babaquice cobre todos os planos, projetos e pesquisas afins. A diversidade é uma opção, a única. Em seguida, virão a lei do audiovisual e a mordaça na imprensa e no Ministério Público. A próxima etapa, a mais ambiciosa, depois das Olimpíadas, dos atentados terroristas e da campanha política, meu caro leitor, é a consciência Down. Mas o que é isso?

Vou informar. Isso é um fato. Não é crônica, nem fanfarronice da minha parte. Trata-se de número, estatística — a mais fria e sombria estatística. Ou a mais pura e veemente expressão do tempo em que vivemos. Hoje, nove entre dez RHs cobiçam os portadores da síndrome de Down na hora de recrutar funcionários para cargos que exijam empenho repetitivo e concentração primária, tipo fritar hambúrgueres, fazer metáforas e/ou ser presidente do Brasil.

Até pouco tempo, o futuro de um portador da síndrome de Down era triste, certo e sabido. Uma prova de fogo para pais e mães. No mundinho Barrichello, a síndrome garante bom emprego e inserção intelectual. Sobretudo inserção.

Este dado vem sinistramente corroborar com os estudos de Barry Richmond, do Instituto Nacional de Saúde Mental. Antes, porém, de seguir esse raciocínio, quero dizer que, se eu fosse um cara politicamente correto, jamais tocaria no assunto. O problema é que não sou desumano a ponto de ignorá-lo.

Portanto, vamos em frente. O cientista Barry Richmond bloqueou o gene D2 de macacos procrastinadores; este gene, um mensageiro químico, é (ou era) o responsável pelo envio de dopamina ao cérebro. Até o doutor meter a patinha onde não devia: "O desligamento do gene transformou a ética símia do trabalho." Explico: "Como muitos de nós, macacos normalmente se desanimam em trabalhar por um objetivo que está distante." Em outras palavras: o dr. Richmond transformou os divertidos e licenciosos macaquinhos em workaholics.

Tudo indica que o mercado de trabalho antecipará (ou já antecipou) a próxima etapa da experiência do dr. Canalhão. O tempo é presente e as eleições estão aí. Hoje em dia, a mãe tem que dar graças aos céus por ter um filho com um cromossomo a mais. Da lógica do dr. Richmond (deve rolar um parentesco com os Duda Mendonça), podemos depreender que a Bahia se transformará num imenso fast-food de acarajé e Dorival Caymmi será riscado do mapa como um perigoso procastinador, ou uma ameaça para o futuro da espécie Barrichella. Um exército de Ivete Sangalo assumirá (já assumiu, aliás) o poder e atrás do trio elétrico e do Schumacher só não irá quem já morreu.

Cemitério de automóveis

Desde de 12 de outubro, dia de Nossa Senhora do Brasil, o Cemitério do Mário invade os Satyros, todas as terças e quartas-feiras. Não tem nada a ver com sincretismo religioso. Explico: o Cemitério do Mário é a Companhia de Teatro Cemitério de Automóveis. Satyros é o grupo de Ivam Cabral e Rodolfo Vasquez, com sede na praça Roosevelt, em São Paulo.

O divertido é que, hoje, moro na mesma praça... E o mais divertido é que jamais poderia me imaginar — lá em meados dos anos 80 — eu, filho do Alto de Pinheiros, morador da praça Roosevelt. Habitué dessa disneylândia do tesão. Uma vez que, naquela época, o clandestino e o sexo desprotegido (em todos os aspectos...) encerravam-se no mesmo quarteirão, porém noutro endereço: no Kilt. Mais óbvio, impossível. O bom e velho Kilt — que existe até hoje — do tempo da penicilina, das clamídias e cristas-de-galo românticas. Ah, que saudades...

Para dizer a verdade, antes de conhecer o Mário e o respectivo Cemitério, eu havia pisado somente uma vez no teatro. Só uma. E foi para ver Matilde Mastrangi, a coxuda, em 1983, por aí...

Sou fã da Matilde até hoje. Acontece que o tempo passou. Inventei um monte de pretextos para fugir de São Paulo. Quase fui agrônomo; garimpeiro eu fui por um ano na Serra da Canastra, armador também — infeliz proprietário de uma escuna em Porto Belo-SC — e fiz mais um bocado de coisas que nunca deram certo. Advogado no Rio de Janeiro e flanneur em Buenos Aires, passei um tempo em Santos e fiz amizade com Zé Luis (que na época trabalhava na livraria Iporanga). Foi ele, o Zé Luis, o responsável pelo meu primeiro Henry Miller, *Crazy Cook*.

Então abandonei meu Fiat Oggi no acostamento de uma auto-estrada e sonhei que Vinícius de Moraes me esperava numa clareira (ladeira abaixo) sentado à cabeceira de uma grande mesa. Tomamos uns drinques e resolvi que o melhor mesmo era ser apaixonado, portanto o mesmo onanista de sempre... Quer dizer, não saí do lugar, estou na mesma praça Roosevelt das minhas gonorréias etéreas, e de um tempo que passou como eu não poderia imaginar, mas que, entre outras coisas, me trouxe de volta até aqui. Aos 38. Às vezes ranzinza, meio besta com a viadagem do entorno e adaptado pelo Mário Bortolotto coincidentemente três teatros acima dos Satyros, no Espaço X.

Acho que o zeitgeist, ou o bom e velho e sacana espírito do tempo, está dando uma tremenda colher de chá. A expectativa de misturar Ivam Cabral, Phedra de Córdoba com Wiltão Andrade, Batata e Negão é algo que me faz esquecer o adolescente idiota que eu fui, e que, sobretudo, serve para me corrigir do idiota em que eu poderia (ou posso?) ter me transformado... Vai saber. Às vezes nem a praça é a mesma.

As expectativas, as confluências, o tempo — curioso, o tempo sonhado e reinventado naquele acostamento —, tudo isso e Vinícius de Moraes bonachão, e a premência de inaugurar outra noite na praça Roosevelt, junto com as saudades que não tive (ou as saudades... de que deliberadamente abri mão... em nome do quê, meu Deus?)... Enfim, tudo isso curiosamente me remete ao Centro Cultural São Paulo em 2002. Quando desejaram — eu vi, estava lá e foi sincero — "Merda!" para o Mário Bortolotto.

Dali a poucos minutos estrearia mais uma das 26 peças da Segunda Mostra do Cemitério de Automóveis. Compreendi o seguinte: o teatro do Bortolotto não era aquilo. Tampouco o Mário tinha alguma coisa a ver com a "merda!" protocolar desejada pelo fulano. Então, meio que danado da vida, o diretor, autor, ator e brucutu fundamental resmungou: "poxa, eu ainda tenho que ouvir isso!"

Estava explicado — pensei comigo mesmo, quase que dispensando o espetáculo — porque esse Bortolotto é meu amigo e todas as noites enchia o porão do CCSP.

Isso faz três anos. Em seguida, eu iria conhecer Fernanda D'umbra. Ser uma grande atriz não quer dizer muita coisa para ela. Fernanda vai além: sabe contar ótimas piadas, tem um dos blogues mais inteligentes da praça... Também é mulher do Mário — isso não é um detalhe a ser desprezado, de jeito nenhum.

O texto do Bortolotto justifica o que digo. Eles são bons porque, antes de tudo, são honestos e matéria-prima e hipérboles de si mesmos... Mas, como eu ia dizendo, antes da estréia da mostra no CCSP em 2002, estavam ele, Mário, e ela, Fernanda, o casal, novinhos em folha e já exauridos. Isto é, um pouco capengas e outro tanto donos do porão, sempre selvagens e botequeiros juramentados e, principalmente, honestos até a medula.

Um treco, aliás, a tal de "honestidade até a medula" que deve incomodar profundamente os filhotes de Stanislavski e os inimigos mais refinados do Bortolotto. Azar o deles e azar dos babaquinhas esclarecidos massacrados pela poesia do Brucutu fundamental, meu amigo. Daí o vazio escrito pelo Mário e falado pela Fernanda no final de *Nossa vida não vale um Chevrolet* — naquela apresentação — ter tomado conta do porão do CCSP e ter levantado o público pelo estômago... Como se flores e não Mário e Fernanda aplicassem os socos certeiros que somente eles poderiam aplicar nos intestinos da gente.

Desconfio que este "vazio" e a falta de jeito, às vezes o texto cuspido e até a parte mequetrefe do elenco, somados à ingenuidade inconformada que eles, Mário e Fernanda, insistem em não perder — desconfio não, te-

nho certeza — também contaminarão a praça Roosevelt...
Da mesma forma como arrastou os 79 atores, inclusive
as atrizinhas que não quiseram dar pra mim e as peças
que não vi, e todo o mundo que teve a oportunidade de
respirar o ar poeirento do CCSP em 2002.

A sucção daquele "vazio", eu diria, foi levada às últimas conseqüências das flores e dos socos deflagrados
na boca do estômago, insisto, de quem teve a sorte de
ir à mostra naquela ocasião. E que, agora, tem a praça
Roosevelt à disposição.

Taí. Deve ser isso. Bortolotto descobriu que a alma
da gente fica na boca do estômago. A propósito. Para se
compreender as flores e a alma — a dor que advém de
ambas —, entre outras misérias e baganas na chuva, é
fundamental ser nocauteado. E resistir.

Sou filho de São Jorge

Intermediário entre o homem e o sobrenatural, o mensageiro. Foi ele quem ouviu — e anotou, lá do jeito dele — os dramas dos seres humanos e das divindades, esmiuçou passado e futuro, vislumbrou desde as tragédias de Sófocles até o plano de George Bush de invadir o Iraque. Ele mesmo, o próprio. Quem ajudou John Lennon a escrever *Imagine* (e incluiu a japinha metida a artista na história...) e embalou Mark Chapman a puxar o gatilho ao som da mesma música.

Exu. Entre outras coisas mais úteis e inúteis, também estava lá naquele quarto de motel roubando meu esperma, quando acreditei que o amor não precisava de "um mensageiro" — ou de nada diferente do próprio amor — para existir. Fui um tolo, reconheço.

Quebrei a cara. E ele estava lá, rindo de mim. Ele e Joana, a possuída. Talvez para provar que eu estava certo: aprendi a amar. Sou grato, e também tenho meus truques.

Hoje Exu é tido — justa ou injustamente? — como o diabo, e podia tranqüilamente assinar horóscopos em jornais de grande circulação se, em primeiro lugar, seus crimes não tivessem sido comutados de modo tão elegante por franceses descrentes como Bastide, e se, na seqüência, seu encanto não fosse sistematicamente bombardeado por pastores ignorantes e universais do reino do Edir, pobre-diabo?

Nem tanto. Um sujeito que põe fogo na casa dos outros para virar rei, leva dois amigos a uma luta de morte, ensina a trapaça aos homens, promove guerras em família (troca favores indiscriminadamente, essa é primeira lei), provoca ruínas generalizadas, enrola os deuses e faz Iemanjá, Oiá e Oxum quebrarem o pau, um sujeito desses, se não é o diabo, está sendo escandalosamente negligenciado. Não há como negar seu encanto e talento. Um tipo desses devia, no mínimo, ter seu parentesco reconhecido. Eu o reconheço.

Um mensageiro, isso é praxe; leva a mensagem que lhe convém. Em se tratando de quem se trata, a mensagem é inequívoca: e vale a confusão, segunda lei do capeta.

No entanto, Exus — dependendo do cavalo incorporado — podem ser insossos e trapalhões... como se fossem apenas porta-vozes governamentais. Vide André Singer. Cada um tem o Exu que merece. Também podem fazer a ponte entre o sagrado e os leitores. O negócio é quase democrático, eu diria que a palavra exata é: proporcional.

Assim, antes que me acusem de ser pejorativo ou até mesmo de ser um Exu-caveira, posso dizer com orgulho e boca cheia que não. Na verdade, sou filho de Ogum. Ou de São Jorge guerreiro pitando charuto. Soube disso porque participei de uma macumba, antropologicamente falando. E gostei. Portanto, sou um macumbeiro de duas cepas. Informado. Macumba nada mais é do que a brasileirização do candomblé. Aliás, depois do meu batismo recorri à ciência. E recolhi esses dados no livro *O candomblé na Bahia*, de Roger Bastide; prefaciado por nosso querido e escorregadio ex-presidente Fernando Henrique Cardoso. Pois bem, tenho algumas coisas a dizer.

O sobrenatural é mais humano na umbanda. De todas as religiões que conheci, foi a única em que os céus tiveram tamanho e reciprocidade. A comunicação com o além oferece mais do que uma solução para os problemas imediatos e comuns. Temos ao mesmo tempo bom humor — em contraposição à seriedade do espiritismo kardecista — atabaques veementes, boa música e uma encenação rica, viva (sobretudo viva) e divertida. As entidades ou os santos atropelam as palavras e usam imagens singelas para se comunicar com a alma terrena e, embora venham de cima, falam de baixo para cima (ou de igual para igual, depende do ponto de vista...) e tratam diretamente do problema sem rodeios e pompa. Não há distância.

Nunca, em nenhuma religião, tive um céu de estrelas à minha disposição que coubesse em mim, afinal. O pai-nosso (ou a proposição da reza devidamente adaptada) atingiu, para mim, uma humanidade que dificilmente poderia ser igualada num culto da Igreja católica.

Entendi, sem sacrifícios, e com leveza (isso é muito importante) a primeira parte da oração que diz "venha a nós o vosso reino e seja feita a vossa vontade". Entendi por que houve aproximação física e semântica, se é que me faço entender. As catarses passam a ser uma questão de foro íntimo: ninguém é obrigado a dar testemunhos ou dizer amém. O reino é nosso, a vontade, também.

O sobrenatural se dispõe de uma forma despojada, nada impositiva e, principalmente, festejada. É muito mais fácil compreender o Pai, o Filho e o Espírito Santo. É mais fácil entender que é dando que se recebe. A força é proporcional ao deslocamento produzido. Pura física para iniciantes, até as caretas e as distorções nos rostos dos cavalos (ou indivíduos incorporados) têm os seus bê-à-bás ou sua função didática plenamente justificadas.

O índio Mata Virgem comanda o terreiro, Tabajara atira com seu arco, Ogum veste seu manto, coroa e espada, e assim por diante, todos carrancudos, com uma exceção, mãe Jaciana. Linda, doce, terna, bem-humorada, carinhosa e inteligente. Surpreendentemente mais bonita do que a carne incorporada — e toda essa beleza iluminou o sorriso de Andréa, o cavalo. Daí que me apaixonei pela entidade da única maneira que poderia ter acontecido diante das circunstâncias descritas até agora: com a alma e pelo corpinho de Andréa, que é casada "na vida real" com o carrancudo Mata Virgem. Baita confusão.

Não vou revelar aqui o que ela me disse. Mas posso adiantar que é uma grande mulher e que há muito esperava encontrar uma alma dessas dentro de um corpinho igual àquele.

O problema é meu. O problema é que em todo lugar que levo minha alma, arrasto meu corpinho. Oh, Deus! Tenho receio, por exemplo (os orixás que me perdoem), de prestar uma homenagem à alma da mãe Jaciana quando estiver pensando no corpinho da garota. Entretanto, se for para raciocinar logicamente... era exatamente isso o que eu devia fazer, uma vez que a alma me deu a maior bola.

Percebem como a aproximação entre o céu e a terra é mais humana na umbanda? Ou por outra: espero que esta crônica me ajude a conquistar Andréa, a garota. Que a alma de mãe Jaciana (já conquistada...) me ajude a me aproximar do corpo em questão e que a garota ouça uns Piazzollas comigo, goste de pizza de muçarela e dê uns descontos nas minhas viajadas na maionese.

A gente, enfim, precisa conversar, trazer nossas almas para mais perto dos nossos corpos, fazer uma filha urgentemente e agradecer a Deus ou Oxalá nosso encontro. Se não for você, Andréa (o que não quer dizer: se não der certo) vou chamar Patrícia ou a mulher que tiver um ventre para me oferecer depois das batalhas, para celebrar conosco nosso casamento. Axé, amém e seja lá o que Deus quiser.

Um café com Tabajara Ruas

•

Verão de 2001. Foi vovó mignon quem me apresentou a Tabajara Ruas, autor de, entre outros, *O amor de Pedro por João* (Editora L&PM) e *Netto perde sua alma* (Editora Record). À época, eu escrevia meu *Bangalô*. Morei quatro meses na Lagoa da Conceição, em Florianópolis. Creio que o livro por si dá conta do lugar e da vovó mignon — que era minha mulher na ocasião.

Pois bem, depois de três anos e de um pé-no-traseiro que levei no Rio de Janeiro a caminho de Porto Alegre, resolvi passar um final de semana na Lagoa. Gosto do lugar e recomendo ao eventual turista pegar um barquinho que sai do cais da Lagoa e ir até o restaurante do Índio. Lá, peça uma anchova grelhada. Eu garanto. João Gilberto Noll escreveu seu *Mínimos, múltiplos, comuns* na mesma Lagoa e recomendo igualmente o livro dele. Antes disso, arrisque um café nas imediações do posto de gasolina, foi lá que encontrei Tabajara Ruas.

Se por vias outras não me curei do pé-no-traseiro, ao menos entendi que é uma besteira olímpica consumir-se por uma biscatinha auto-sabotadora, inteligente e muito gostosa.

Ai, que saudades... Ou ainda: foi exatamente Tabajara Ruas me contando da decepção que teve ao assistir *Diários de motocicleta* quem me ajudou a desanuviar a negra nuvem que fazia chover molhado sobre meus chifres há quase três meses. Curioso, né?

Ele me falou da grandeza épica de Che Guevara e da crueldade indissociada do personagem que o argentino encarnou e que Walter Salles — talvez por má consciência... — desperdiçou em seu *Diários de motocicleta*. E ninguém, depois de ter lido os livros de Tabajara Ruas, pode dizer que o autor não entende de heróis, fantasmas e canalhas (não exatamente nessa ordem), mas onde — perguntará o leitor — está o ponto de encontro?

Vou dizer: Che era um carniceiro e tinha um objetivo grandioso, e esse fulgor, a ânsia de virar o mundo do avesso e a crueldade necessária para atingir os seus desideratos jamais (sobretudo baseadas no livro *Diários de motocicleta* escrito pelo próprio Che) poderiam ser registrados através das lentes adolescentes e idealizadas de um mauricinho lírico feito Walter Salles. Não porque Salles é dono do Unibanco (não só por isso ou porque o cineasta pode ter se identificado com o idealismo boboca do estudante de medicina antes de ter virado o carniceiro Che), mas porque o livro escrito por Che é o disfarce do monstro, tem gosto do sangue que paira antes da morte e, principalmente, porque ele, Che, encarnou o Cristo como deveria ser: sem um pingo de ternura. Como se fosse um pretexto que, no máximo, lhe serviria para apaziguar sua alma de assassino. Só isso...

Bem, esta é uma das possibilidades que Tabajara Ruas me fez vislumbrar. Eu, além de compartilhar dessa visão, tenho cá minha tese que passa por Pepe, o mongolóide do meu livro *O herói devolvido* (Ed. 34) adaptado para o teatro por Mário Bortolotto. No livro, Pepe dispensava a camiseta de Che ao realizar o "trabalho de sopro" no narrador. O efeito ou a chupeta no teatro é ao mesmo tempo algo trágico e corretivo. Foi o meu único palpite na adaptação, aliás. Também tenho que pensar em alguma participação para Olga Benário e Luís Carlos Prestes... Posto que vivemos uma época de troca de heróis. Penélope Charmosa caiu nas garras de Tião Gavião. Zorro é presença obrigatória na parada gay. O que é que vai ser do Borba Gato?

Voltando a Walter Salles. O mauricinho lírico acreditou nas verdades de um diário mal escrito. Devia ter apostado nas mentiras. Portanto, leitor, são dois os pontos de encontro: o amor e a mentira. Depreendi isso da conversa que tive com Tabajara Ruas. Ou seja, acreditei no amor da biscate encantadora e, agora, entendo que a única coisa em que um homem pode se fiar é na guerra travada para se livrar de si mesmo. Ele pode revirar o mundo por causa dessa guerra particular e acabar vendendo bom-bril ou pode acreditar que um dia sua biscate vai voltar... De um jeito ou de outro, o que importa é a guerra em si. Se o homem vai se transformar num assassino, num trouxa ou num santo, isso, só o Washington Olivetto, o Unibanco e o tempo podem responder. Eu, aqui, na minha modesta, embora presunçosa ocupação de cronista internético, fico com Lupicínio Rodrigues: "volta, vem viver outra vez ao meu lado..." E se não voltar, arrumo outra. Mais doida, biscate, encantadora e mentirosa... e vou acreditar nela outra vez e sou capaz até de escrever um romance na terceira pessoa. Che Guevara não chegaria a tanto.

Nenhum espanto

●

Como é que alguém, sendo que esse alguém é nada mais nada menos que o presidente da República, pôde deixar-se manietar — "independente de suas qualidades cívicas ou de suas convicções éticas", como escreveu Jurandir Freire Costa (*FSP*,14/11/2004) — por marqueteiros e corsários do feitio de Duda Mendonça?

Penso que não é apenas o caso de indagarmos sobre "qualidades" e "convicções" mas de nos preocuparmos — ainda, depois de todas as faltas e indulgências deste governo — com a condescendência e o espanto de uma certa inteligência palpiteira e formadora de opinião. Não dá mais para idealizar. A festa acabou. Quem, afinal de contas, é o presidente do Brasil?

A resposta está em dois documentários, com estréias em circuito comercial previstas para 26 de novembro. O filme *Peões*, de Eduardo Coutinho, necessariamente ilumina *Entreatos*, de João Moreira Salles. O documentário de Salles, o cineasta-banqueiro, aliás, é um complemento exemplar. O filme de Coutinho traz depoimentos de companheiros do ex-metalúrgico e hoje presidente do Brasil. Chega a comover. O segundo filme cobre os bastidores da campanha que elegeu o político Lula há dois anos. Quando digo "ilumina necessariamente", quero dizer que o sonho de qualquer peão é subir na vida, se dar bem. Até aí, nada demais. Tudo bem, porque o sonho é demasiadamente previsível para que possamos nos chocar ou contrapor uma situação à outra, como quis fazer Jurandir Freire em seu artigo — ainda que o peão sonhador seja nosso presidente.

Traçar paralelos ou arrumar pretextos para a decepção que hoje toma conta da classe média idealizadora desse conto de fadas e que — menos mal — caiu na realidade na hora de recusar um novo mandato à prefeita Marta Suplicy é, a meu ver, ingenuidade ou má-fé. Qual o espanto, Jurandir?

Se deslocássemos qualquer um dos peões do filme de Eduardo Coutinho para o filme de João Moreira Salles (no lugar de Lula...), o resultado seria o mesmo. Ou não?

Preconceito meu? Talvez, se Lula não se empenhasse tanto em reafirmar sua condição de peão, isto é, se ele não correspondesse exatamente ao estereótipo tosco do peão que se deu bem na vida e que não pode fazer mais nada além de ajambrar metáforas constrangedoras, dar comida aos peixes na Granja do Torto, promover churrascadas para autoridades e apresentadores de televisão... E, o pior, não arriscar um milímetro sequer em sua política de governo. O que mais um peão bem-sucedido poderia querer? Bater bola com os amigos? Mandar a patroa para o cirurgião plástico? Ou dar respaldo à criação do Conselho Federal de Jornalismo? Ou ceder à China, um país cujo regime político repressivo explora a mão-de-obra em condições desumanas?

Alguém que acompanhou o blogue e as cenas caseiras da família Lula da Silva pode me desmentir?

Preconceito meu? Talvez, se o governo do operário-presidente não tivesse trocado a área social e o combate à fome pelos superávites primários estabelecidos pelo FMI, talvez se o nosso simpático e sorridente Lula não tivesse descolado um status de ministro para o seu presidente do Banco Central, talvez se o assessor de Lula para assuntos internacionais, Marco Aurélio Garcia, não fizesse vista grossa para a situação dos presos políticos em Cuba, talvez se o bolsa-miséria chegasse aos miseráveis, talvez se a mesma classe média que repudiou Marta Suplicy e que manteve o PT por quatro mandatos em Porto Alegre não tivesse igualmente reprovado o candidato de Lula naquelas plagas, talvez se o mesmo operário-presidente vez por outra não tivesse que reafirmar sua macheza ao ameaçar expulsar repórteres do país, talvez se os bingos continuassem fechados e o Zé Dirceu não fosse tão caipira em sua arrogância, talvez, talvez.

Mas não é preconceito. O que falta é grandeza a Lula. Seria até mais confortável se a questão fosse o meu preconceito. Mas não é. Para mim, seria muito mais fácil encerrar o assunto fazendo uma piadinha sobre um retirante que deu certo. Um baianinho jeitoso como o pernambucano Lula se autodenominou ao mirar-se no espelho orgulhoso de sua nova condição (se deu bem, afinal) e pensando na mãe que apanhava do pai, e do pai alcoólatra (está em sua biografia autorizada), e em todas as mazelas que o levaram até o Palácio do Alvorada por engano. Entende, Jurandir?

Também não é o caso de lamentar, nem de cogitarmos em decepção. Eu não me decepciono com pouca coisa, de jeito nenhum. Antes fosse apenas meu preconceito... E o peão pudesse me desmentir...

A propósito. A Noruega é uma estreita e comprida faixa de terra, onde o mar penetra e desenha uma infinidade de fiordes, arquipélagos e ilhotas. Além do bacalhau, a Noruega exporta petróleo bruto, gás, barcos, produtos químicos, maquinarias, ligas metálicas e papel. Infelizmente, e ao contrário do que supôs nosso ilustríssimo presidente, a Noruega não faz parte da União Européia. Knut Hamsun nasceu lá, mas isso também não deve ocupar os pensamentos do nosso ilustríssimo presidente. Fazer o quê?

Nada. Também não quero fetichizar vincos no rosto do sofrimento alheio nem tampouco achar sabedoria — ainda que haja, meu Deus! — na modéstia e na simplicidade de uns pobres coitados. Minha praia é outra. Se tiver que jogar pesado, prefiro recomendar os dois documentários.

Que se dane? Talvez, se todos nós não tivéssemos que pagar a conta dos idealistas, dos bons moços barbudinhos, e da mediocridade generalizada.

* * *

Agora, entro de férias. Ou melhor: vou tirar umas férias das crônicas para escrever outro grande livro. De frente para o mar, com um adiantamento goooooooordo da editora no bolso, cercado de belas mulheres e da invejazinha dos meus inimigos. Cuidem-se.

Cachaceiro

•

Reação de André Singer, porta-voz do governo brasileiro, à reportagem do *New York Times*: "Os hábitos sociais do presidente são moderados e em nada diferem da média dos cidadãos brasileiros."

Exatamente. Foi isso o que eu vi semana retrasada na entrevista que Lula concedeu ao Ratinho. Os hábitos do presidente nada diferem da média dos brasileiros. Taí o problema. O presidente devia estar acima da média (chega a ser constrangedor escrever isso). Ou será que estou exagerando?

Uma pena que peguei somente o finalzinho da entrevista. Lula jogava ração para os peixes e dizia ao ministro da Agricultura que toda propriedade rural devia ter um tanque como aquele. Por que não tem?

Ora, porque não é tão simples como o presidente quer. Ora, porque não é tão simples como o presidente é: igual à média dos cidadãos brasileiros.

Quem escreveu a reportagem no *New York Times* deve ter visto a entrevista do Ratinho. O apresentador tratava o presidente de "você". Os dois entornavam uns tragos (igual à média dos cidadãos brasileiros) e cometiam os deslizes de praxe no português. Tudo dentro da normalidade?

Sim. Ratinho deu um baita furo na Globo e continua sendo, na minha opinião, o maior comunicador que este país mequetrefe já teve notícia. Em mérito e equivalência.

Tudo dentro dos conformes. Dona Marisa Letícia, quase imobilizada de tanto botox, sorria dentro do seu terninho azul e fazia o papel de hostess de churrascaria de luxo. O ministro da Agricultura, evidentemente constrangido com a proposta de multiplicação dos peixes feita por Lula, concordava com tudo. E dá-lhe mais uma talagada, senhor presidente. Tudo dentro da normalidade. Ou dos quase quarenta milhões de votos que elegeram Lula.

Um dos objetivos de Lula é distribuir cesta básica para 11 milhões de brasileiros famintos. O raciocínio é simples: o brasileiro tem fome? Basta chamar o ministro do Fome Zero e acabar com a fome. Aí a gente junta a fome do brasileiro com os tanques que o ministro Roberto Rodrigues vai providenciar, e pronto!

Segundo o mesmo raciocínio brilhante do presidente: "tem que plantar para depois colher". Genial. Tá faltando saneamento básico? Ah, chama o ministro Bigode. Ele vai providenciar esgoto para a rapaziada.

Corta/ Duduca e Dalvan cantam a moda preferida do Lula.

Sarney — garante nosso Lula — foi o presidente que mais recuperou estradas. Impressionante. A gente faz uma parceria com o Exército e garante acostamento para todo mundo. O importante é que o governo do PT é um governo sério... e diferente. Não é, companheiro Mantega?

Isso lembra um jogo da minha infância: o Banco Imobiliário. De um lance para outro o moleque tinha a avenida Paulista, era dono de fábricas, bancos e fazia e acontecia simplesmente porque os dados o favoreciam. Se a sorte mudasse de lado, bastava espernear, quebrar o pau e ir para o campinho de areia resolver a questão no futebol. O presidente do Brasil pensa como uma criança.

E age da mesma forma. Relatou o encontro que teve com Bush e disse que aqui no Brasil nossa guerra é contra a fome. Imagino que o presidente dos EUA deve ter se sensibilizado, do fundo do seu bondoso coração. Ah, se todos fossem iguais ao Lula!

Homem bom, humilde e sincero. Está acuado dentro da própria mediocridade e quer, do fundo do seu bom coração, distribuir cestas básicas para 11 milhões de brasileiros até 2006. Quer acabar com o desemprego e com a violência... e fazer a reforma agrária. Até agora a única coisa que conseguiu foi estragar os jardins do Palácio do Planalto. Porque ele não nega fogo. Nem sua Marisa.

Quando se diz que Lula é despreparado, logo uma tropa de choque de iluminados sai em sua defesa e reage — curioso, curioso — com a mesma lógica de Banco Imobiliário. Fica difícil saber quem é mais criança. Quando o *New York Times* noticia que o presidente comete uma gafe atrás da outra e é um cachaceiro rematado, lá vem o Genoíno e diz que "a acusação é preconceituosa".

É muito fácil esgrimir este tipo de argumento e encerrar a questão antes do enunciado (aliás, os crimes de Fidel Castro são defendidos do mesmo jeito).

Absolve-se a incompetência — ou o crime, tanto faz — de antemão e justifica-se o comportamento esdrúxulo do presidente pela "média dos cidadãos brasileiros", isto é, pela mediocridade. Tá, então tá.

A defesa é tão inconsistente que admite que o presidente bebe mesmo, "igual à média". Deve encher a cara, portanto. André Singer é mesmo um prodígio. Igual ao chefe dele.

A mesma tropa de choque capitaneada pelo Genoíno e embalada por Gushiken (o japonês parnasiano) esquece que o governo de Lula arriou as calças para o FMI e é refém de si mesmo... a partir daí passa a enxergar fantasmas do interesse internacional por trás da reportagem do *New York Times*. E dá-lhe blablablá, e lá vem aquela conversa de que "devemos aproveitar a chance de ter um presidente que veio do proletariado" e que Lula é um homem "forjado nas disputas da vida" e que Lula tem uma "intuição brilhante" e que blablabá e que a culpa é dos doutores que o antecederam... e que blablablá e que a herança maldita etc. etc...

Pois eu digo o seguinte, e não tenho medo das palavras: despreparado. O presidente não tem capacidade para estar onde está. E digo mais: além de despreparado, um inofensivo títere que perdeu todas as ganas do tempo que era metalúrgico e fazia o país tremer com sua fúria na porta das fábricas.

Esse Lula, do sonho homoerótico de muito intelectual (sonhozinho mais comum, aliás: peão suado), não existe mais. Acabou. O metalúrgico subiu de vida, virou chefe dos mais conservadores, paternalista e sentimentalóide e, agora, quer construir tanque de peixe, acabar com a fome e fazer o Brasil crescer.

Vá a um ponto de ônibus e pergunte ao fiscal do cobrador se, por acaso, ele também não quer entornar uma cana boa, encher a barriga de churrasco e viajar de avião por aí. Se bobear, ele vai querer muito mais do que o nosso presidente.

Festival de Gramado

•

— Você se importa em dividir o apartamento com o ilustrador?

— Sim, me importo.

— É que não temos tempo de fazer outra reserva. O festival começa amanhã.

Se fosse uma ilustradora, eu ia tentar comer. Mas não adiantou nada minha objeção, e até que Rafael Sica, o ilustrador, era gente boa. Não atrapalhou meus planos, e não piorou meu humor mais do que eu mesmo conseguiria fazer por conta própria.

E depois o "cachê" era bom. Se eu fosse mulher seria um pleonasmo. Quero dizer: uma puta. Aí pedi as coordenadas do festival e comecei a matutar.

Uma das vantagens de ser feio — nada melhor do que começar pelo umbigo — é a garantia de que num futuro improvável não vou ser homenageado pela minha ex-fachada e/ou pelo meu trabalho póstumo de ex-galã. Muito menos pelo meu talento.

Talento, aliás, que é apenas uma deferência tola em se tratando de Tarcísio Meira. O grande homenageado junto à sua eterna esposa nessa trigésima terceira edição do Festival de Cinema de Gramado. O troféu Oscarito foi dado para o casamento deles, achei esquisito. Tem casal por aí que dura cinqüenta, sessenta anos, e não ganha troféus — no máximo uma boda de ouro (e o ridículo...) pagos do próprio bolso. Deve ser um saco não poder se desgrudar nem na hora de uma homenagem.

Casal e platéia ficaram comovidíssimos. Eu diria mesmo que no caso de Tarcísio Meira, o talento é um atestado do fracasso diante das mulheres traçadas e do sucesso esfriado... e da beleza — nem é preciso dizer... — que se esvaziou com o tempo. Ah, o tempo. Inexorável, parnasiano. Sacana mesmo.

Quando se é feio desde criancinha, a gente acostuma. O que pode acontecer em seguida é ficar velho. Mais um velho, acabado. Não tem Sesc, nem hidroginástica que digam o contrário. Leiam Raquel de Queiroz no final da vida.

Digo velho e imprestável. Necessariamente caído, como o Festival de Gramado. Vou ser honesto: é inconfessável o prazer que tenho em ver o ex-galã arriado. É como se pudesse me vingar do futuro: dos Gagliassos da vida ... de todo o elenco de Malhação, aqui e agora.

O problema é que, na condição de "jornalista"(tenho que ganhar a vida...) tive que pagar o mesmo mico do tapete vermelho que os galãs, ex-galãs, duplas sertanejas e convidados pagam, pagaram e pagarão — parece que com gosto — para entrar e sair do Palácio dos Festivais (o "templo" do cinema brasileiro). Entrar e sair, repito. O único corredor polonês do mundo com via dupla. Do outro lado, os turistas.

Posso dizer duas coisas: em primeiro lugar, não queria ser o Tarcísio Meira. A segunda: os turistas urravam.

O Festival de Gramado era (ou já foi...) um entre tantos outros focos de resistência à obscuridade, ou melhor dizendo, situava-se no vórtice de um sonho cujo maior delírio era o de que se podia resistir à truculência dos homens.Teve uma época em que se acreditava em sonhos e esperança. Até um festival de cinema ruim podia servir como uma espécie de guarida da arte e do tempo, tempo e arte que, em tese, se encarregariam de varrer a escuridão para a lixeira do nunca mais.

Quanta ingenuidade, né Zé Dirceu?

Em 1973, na primeira edição de Gramado, eu tinha sete anos e estava trancado numa escolinha experimental para filhos de nazistas endinheirados. Bons tempos aqueles. As misérias em seus respectivos lugares. Você apanha, eu bato e a gente se entende.

Um dado. O Kikito, o famoso e simpático troféu, é o deus da alegria. Não sei bem o que isso quer dizer. As primeiras edições — segundo informação oficial da festa — foram marcadas pelo sensacionalismo, a nudez e a crise de estrelas que disputavam a fama na serra gaúcha. Deviam ser as edições mais divertidas, imagino.

Em 1973, Vera Gimenez estava nos trinques e Luciana, sua famosa filha e apresentadora bilíngüe, ainda engatinhava rumo ao bolso de Mike Jagger. No alto da serra Vera Fischer, a "Super Fêmea", se engalfinhava com outras atrizes em busca do melhor lugar no sofá. As coisas — repito — eram mais simples. Daniel Filho e Jece Valadão faziam o barmitzvá de suas respectivas cafajestices, e Rui Guerra ainda não era o chato que filmaria *Quarup* nos anos 80. Tudo muito simples.

A programação do festival ensina que, ao chegar no topo da serra, imigrantes italianos e alemães, e tropeiros, encontravam, além de um campo de gramas macias que servia de repouso, também um lugar para construir suas vidas modorrentas. De acordo com os historiadores, esse local foi o responsável pelo batismo da cidade.

A dedução dos historiadores é impressionante. Mais impressionante é o festival usar essas informações para apresentar-se aos incautos. Brega, eu diria.

E tem mais, segundo a programação oficial, a hospitalidade de Gramado está intimamente ligada a sua história muito antes de sua emancipação do município de Taquara, em 1954. Isso me faz sentir seguro, quentinho e fofo aqui no hotel. Gramado (ainda, segundo a organização insistente do festival) se desenvolve "para o turismo e para a preservação de suas tradições e belas paisagens naturais" ... tem no Palácio dos Festivais sua "vocação máxima no auge da celebração da sétima arte no âmbito nacional". Ah, meu Deus. Onde vim amarrar meu jegue?

Penso que o Rio Grande do Sul, este lugar que é um épico antes de ser um estado, não merecia ser bregão feito Santa Catarina, nem por um minuto. O resultado é que Zezé di Camargo & Luciano, a dupla Marabraz, se esbaldou por aqui. E se existe alguma "vocação" nisso tudo é a minha: de ir embora o mais rápido possível. Antes de virar boneco de neve: "no âmbito, no auge" ou sei lá o quê desse lugar que, além de ter uma grama macia e apetitosa, é o mais frio e kitsch do planeta Terra. Se bobear tem até calçada da fama (é melhor não conferir...).

Será que a Letícia Spiller quer dar pra mim?

Isso aqui é um pesadelo de cachecóis, futuros ex-Tarcísios Meiras e Glórias Menezes comendo queijinho derretido e fazendo fricotes para meus "colegas jornalistas". Vive-se na iminência da aparição de um Amaury Jr. Um lugar que congela o cérebro, onde uma pergunta não cala: o que significa aquela barbinha pintada do Rubens Edwald Filho? Ah, meu Deus. Faz frio, muito frio.

O mais bizarro disso tudo é que o "evento" (tudo por aqui é "evento") mais aguardado é o almoço da comissão organizadora do festival em homenagem ao casal Glória Menezes e Tarcísio Meira. Que reunirá um "seleto grupo" de convidados no condomínio Aspen Montain. "Seleto grupo" ... sei, sei.

Tô com frio, cacete. Glória e Tarcísio são casados há mais de quarenta anos. Portanto, agüentem aí. A coisa nem começou. Quero dividir meu friozinho brega com os leitores da *Trip*. Vejam só. Eles, Tarcísio e Glória, construíram carreiras independentes e sólidas, e mantem um relacionamento tão estável quanto a fama que possuem. Ah, que inveja. O casal jura que não faz nenhum esforço — ao menos na vida pessoal — para isso. Ora, claro que não.

O esforço é todo meu. Há quarenta anos enchendo o saco na televisão e agora aqui na minha frente, fazendo meu ouvido de penico. "As pessoas", diz Glória Menezes, "é que ficam investigando a respeito de nós". Eu me incluo, e pensei que ganhava bem para ouvir essas coisas. Não satisfeita, ela completa: "o que faz um relacionamento durar é, principalmente, querer-se bem e gostar de estar junto".

Poxa, não havia pensado nisso.

Mais um pouco: "ser um casal implica uma série de coisas. Não viramos mera companhia ou apoio um do outro. Temos várias características indispensáveis para formar um casal. Por exemplo: temos amor."

E aí, bugrada? Entenderam? A receita para a vida conjugal é, segundo Glória, "não ter receita". Brilhante, né? Tão brilhante quanto os filmes brasileiros dessa trigésima terceira mostra de Gramado. Tarcísio e Glória formam o casal mais original da televisão e do cinema brasileiro. E não vão se aposentar tão cedo. Nem eles, nem a Malu Mader e o Tony Belloto.

"Para nós", diz Glória, que também é mãe de Tarcisinho, "a coisa vai correndo normalmente" ... para mim nem tanto. Sabem como ela encerrou?

Preparem-se. Aí vai: "ele, Tarcisão, é mesmo o Sean Connery brasileiro".

O diabo da van só vem me pegar no final do "evento". Serei obrigado a distrair os leitores da *Trip* mais um bocado. Acho que estou gostando disso aqui. Ouçam: "existem fases diferentes na vida de um ator, e ele precisa administrar isso muito bem", diz Tarcisão.

Ouviram? Tem que saber administrar — e se o Tarcisão fosse garçom?

O que seria de dom Pedro I e da história do Brasil? E o cinema brasileiro, o que seria do cinema brasileiro ... se Tarcisão não soubesse administrar sua carreira?

Daí depreende-se o seguinte: a vantagem de um jogador de futebol em comparação a um ex-galã de cinema brasileiro é a de que as entrevistas do cara duram menos tempo. Sou a favor do pebolim e do cinema mudo.

Se o motorista da van não chegar dentro de cinco minutos, eu juro, vou pedir um autógrafo pro Tarcisão.

Não bastasse, o Festival de Cinema de Gramado tem — pasmem, leitores! — filmes! Um monte de filmes, documentários, curtas e longas-metragens. Vou fazer um esforço danado para não ver nenhum filme brasileiro, com exceção do documentário *Do luto à luta*. Que é o emblema do festival, assumidamente mongolóide. Vou dar uma espiada, tenho simpatia pelo tema. O diretor, Evaldo Mocarzel, acredita mesmo que, em se tratando dos portadores da síndrome de Down, é possível deixar os preconceitos de lado. Íntegro, esse cara. Em primeiro lugar, porque ele mesmo é pai de uma garota, Joana, portadora da síndrome de Down e, depois, porque fez questão de dizer que foi o tema que o escolheu, e não o contrário. O resultado é um filme comovente pela honestidade.

Não é exagero dizer que Mocarzel salvou o festival do populismo embalado por Caetano Veloso e os irmãos Marabraz... estes três filhos de Franciscos, e de mães conhecidíssimas, e da breguice mais nefasta que ainda vai consumir esse país pelo que tem de melhor e de pior. Que é a tolerância, a boa vontade. A linha que separa a síndrome de Down do retardamento das massas que irão consumir o lixo superproduzido pelos irmãos Marabraz é tênue. E perigosa.

Essas duplas sertanejas podem comprar apresentadores de televisão e churrascarias de luxo, uma carreira de sucesso para os filhos e podem comprar bons atores, mansões em Miami; e o Caetano Veloso, diretores e roteiristas competentes podem gastar o dinheiro deles onde bem entender, mas não me digam que eles são "bacanas", ou que a música deles é legal, e o pior — isso soa como vender a alma prum diabo de quinta categoria — não me digam que eles são "a cara do Brasil" ... mais um pouco, e eu acredito.

Infelizmente, não tenho a grandeza de Mocarzel, e, da minha parte, não consigo atravessar uma rua sem os meus preconceitos. Fazer o quê? Só sei de uma coisa. Diferente de Hector Babenco, tenho a alma argentina. Tô cansado das mauricices líricas do Walter Salles e também não vejo nenhum mérito em — às vezes — ter o melhor futebol.

O que adianta bola na rede, se o hermanos têm labirintos, clépsidras, espelhos e a memória insuspeita do mundo guardada num sótão nos arrabaldes de uma Buenos Aires que é eterna porque não quer nem precisa rebolar para ser o que não é?

Basta ver a qualidade dos filmes argentinos dos últimos anos; Lucrécia Martel, hoje, almoça e janta a má consciência dos nossos mauricinhos líricos e nem precisa de um Unibanco para isso. Um cego deles vale por todos os nossos mineiros ensimesmados e ainda consegue encaçapar a semana de vinte e dois e seus desdobramentos mais sórdidos e odaras... bola na rede para quê?

Edinho, lá no presídio de Presidente Bernardes, devia ler Jorge Luis Borges. E parar de ouvir os conselhos do pai.

Isso quer dizer que além de atores e atrizes geniais comendo queijinho derretido, ainda temos equipes técnicas comendo queijinho derretido, diretores e produtores inconformados com a situação do país (comendo queijinho derretido...), e cachecóis de todos os feitios e arrebites, bichinhas saltitantes nas praças e tapete vermelho para essa gente desfilar, e tem mais, a mostra paralela de cinema gaúcho, o prefeito e as autoridades locais, os Kikitos da alegria, bonecos de neve, turistas (ah, meu Deus... uma avalanche de turistas), chocolate quente e rodízio de sopas, e frio, faz muito frio nesse lugar.

Sinceramente: nunca vi tanta breguice por metro quadrado. Querem mais? A cidade tem vinho da colônia, roupas de couro, parques temáticos e até o Zé do Caixão pode aparecer na minha frente a qualquer momento. Nem vou falar da equipe do *TV Fama*.

Barthes preferia ir ao cinema sozinho. Mas a escolha — segundo o autor de *O grão da voz* — nunca seria completamente livre. O filósofo acreditava que o cinema era uma atividade inteiramente projetiva. O problema era (e sempre será) a vida social, ou seja, quando o filme é o pretexto para a pipoca e a trepadinha no final da noite. Queiramos ou não — é o que diz Barthes —, a escolha torna-se perturbada. Daí a imposição de uma moral difusa acerca dos filmes que devem ser vistos. Nesses termos, um festival de cinema, além de servir a interesses que nada têm a ver com a qualidade dos filmes, é uma contradição galopante em si mesma. Uma breguice desenfreada no caso de Gramado, embora Luisa Mell (a loirinha apresentadora do *TV Fama*) seja uma delícia.

O festival de Gramado nos ensina a conviver com a jequice como se fôssemos elegantes. Quando mães, avós, tias e a parentada dos garotos 16mm se misturam aos globais, não tem William Waack nem edição do Jornal da Globo que consigam disfarçar o fiasco que é o cinema brasileiro.

— Não repare no nosso glamour. É glamour de pobre mas é limpinho.

Aliás.

Eva Wilma, uma senhora pra lá dos sessenta anos, foi a responsável por uma das cenas mais constrangedoras que presenciei em Gramado. Talvez a vaidade só faça aumentar com o tempo. Eu vi. A dama do teatro, da televisão, do cinema e de sei lá mais o quê, dava amendoins metafícos para os selvagens que urravam atrás do alambrado — de certa forma ela invertia a ordem do zoológico. Um frio desgraçado: a atriz podia simplesmente ter entrado no "Palácio dos Festivais" via tapete vermelho. Não havia nenhuma necessidade em disputar "a glória" com a garotada de Malhação. O teatro não precisava disso, nem ela. Triste.

Ademais, o frio. Queijinhos derretidos e cachimbos corroboravam a moral difusa que Barthes há quarenta anos já havia apontado. Se eu tivesse que dar um nome para a neblina que bordejou quinta-feira sobre a breguice que é Gramado, iria batizá-la de Ênia, aquela irlandesa xarope que faz músicas de aquário.

Não comi nem a Luisa Mell, nem a Letícia Spiller. Tive que me apresentar a Barbara Paz, e ela não conhecia meus livros. Queria meu corpinho.

O resultado é o analfabetismo nas telas. Esse povo do cinema não lê, e quer fazer filmes bons.

— Impossível, Barbara — foi o que eu disse.

Um filme pior que o outro. Os autores de documentários puseram as asinhas de fora e o público — que aplaudiu até o comercial da Kodak — evidentemente aderiu. A pior parte aconteceu quando o ator de *Doutores da alegria* foi receber a porra do Kikito com o seu nariz vermelho de clow. Lembrei do meu amigo Mário Bortolotto, que tem ímpetos de socar aqueles merdas de narizinhos de palhaço — e lamentei o tempo perdido, o frio que fazia lá fora. Podia ter vendido meus ingressos. Uma semana inteira perdida em Gramado.

Por último, faço um apelo. Votem a favor do comércio de armas em outubro.

Qualquer um de vocês pode topar com o Nelson Rubens no corredor do mesmo Aspen Montain em que estão hospedados. E ele pode dar uma piscada, ensejar uma gracinha pro seu lado, justo para você, que ainda não resolveu onde vai enfiar o Kikito de melhor pato do ano. Torço pelo efeito estufa no ano que vem.

Este livro foi composto na tipologia Arrus BT,
em corpo 11/16, e impresso em
papel off-white 80g/m² no Sistema Cameron da
Divisão Gráfica da Distribuidora Record.

Seja um Leitor Preferencial Record
e receba informações sobre nossos lançamentos.
Escreva para
RP Record
Caixa Postal 23.052
Rio de Janeiro, RJ – CEP 20922-970
dando seu nome e endereço
e tenha acesso a nossas ofertas especiais.

Válido somente no Brasil.

Ou visite a nossa *home page*:
http://www.record.com.br